I0759331

Hof, Herolde und Hospitäler
Wie funktionierte das Mittelalter wirklich?

von MoA Robert A. Schüler

In vier wissenschaftlichen Abhandlungen wird ein neuer, ins Detail gehender Blick auf das Mittelalter geworfen werden, der die gängigen Vorstellungen über das „dunkle Zeitalter" weitestgehend über Bord werfen wird und darüber hinaus zeigen wird, was für eine bunte, vielfältige, spannende und exotische Epoche das Mittelalter war, in der alles was wir heute als selbstverständlich ansehen, entstand.

Bibliografische Information der Deutschen Nationalbibliothek: Die Deutsche Nationalbibliothek verzeichnet diese Publikation in der Deutschen Nationalbibliografie; detaillierte bibliografische Daten sind im Internet über dnb.dnb.de abrufbar.

Herstellung und Verlag:

BoD – Books on Demand, Norderstedt

Titelgestaltung: Codex Manesse, UB Heidelberg, Cod. Pal. germ. 848, fol. 18r, Zürich ca. 1300 – 1340, Lizenz: Creative Commons gemäß CC-BY-SA 3.0 DE, Universität Heidelberg: http://digi.ub.uni-heidelberg.de/diglit/cpg848/0031,

ISBN: 978-3-7392-2631-6

Inhaltsverzeichnis

1   Vorwort, oder: wie dieses Buch zu benutzen ist!

Dieses Buch dient dazu durch nüchterne Wissenschaft das oft durch Populärmedien verzogene Bild über das Mittelalter ein Stück weit zu korrigieren. In vier wissenschaftlichen Abhandlungen werde ich mich dabei auf je eine spezielle Thematik „stürzen" und anhand dieses besonderen Themenfeldes den Geist bzw. die Beschaffenheit oder auch Funktionalität des Mittelalters versuchen zu erklären. Freilich kann dies nur einen ersten Einblick in diese exotische Epoche geben, aber Sie werden merken, dass das Mittelalter wesentlich mehr zu bieten hat, als in den üblichen Sendungen im Fernsehen dargestellt wird. Oft wird das Mittelalter entweder glorifiziert oder dämonisiert (Stichwort: „dunkles Mittelalter"), beides ist gleich falsch und hat mit seriöser Wissenschaft nichts zu tun, immerhin sprechen wir hier über eine Epoche die sich über ein Jahrtausend (500 – 1500) erstreckte, daher ist jegliche Kategorisierung bestenfalls unzureichend. Dieses Buch wird weder der einen Extreme noch der anderen Vorschub leisten. Vielmehr soll durch nüchterne, wissenschaftliche, aber keinesfalls trockene Analyse ein möglichst neutraler Blick auf diese Epoche geworfen werden. Ich präsentiere Ihnen Fakten im Kontext einer historischen Analyse, auf dieser Grundlage können Sie sich dann Ihre eigene Meinung über diese Epoche bilden und anders als im Fernsehen, gebe ich Ihnen auch noch jegliche Quellen und verwendete Literatur an, damit sie alles nachprüfen und nachlesen können, was ich Ihnen hier „auftische". Das macht nämlich Wissenschaft aus: Einheitlichkeit und Nachvollziehbarkeit, schauen Sie sich mal eine Geschichtssendung im Fernsehen an, da werden Ihnen keine Quellen oder ähnliches präsentiert, sondern Sie müssen dem Gesagten dort wohl oder über Glauben schenken, denn selbst nachprüfen können Sie es ja nicht.

Wie funktionierte also das Mittelalter?

Dies möchte ich anhand von vier Themen behandeln:

1. Die Bedeutung des Festmahls für den Adel im Mittelalter
2. Das mittelalterliche Turnier
3. Die Bedeutung der Herolde für den spätmittelalterlichen Adel
4. Der Papst und die Kreuzritter

In allen vier Themen werden wesentliche, konstituierende Merkmale mittelalterlicher Gesellschaft und Kultur behandelt, wobei besonders die ersten drei Punkte inhaltlich eng zusammengehören, sie behandeln wie Hof und Adel im Mittelalter funktionierten, wie Herrschaft genau ausgestaltet war und funktionierte, welche Legitimation die Herrschenden hatten, was Ehre für den Adel bedeutete und in welchem Verhältnis die verschiedenen Stände zu einander standen. Dabei werden Sie sicher einige für sie neue und überraschende Informationen entdecken.

Damit jedoch das geistliche Element nicht vergessen wird, welches im Mittelalter eine herausragende Rolle spielte, wird in Punkt Nummer Vier noch einmal die Bedeutung der Kirche in Gestalt des Johanniterordens behandelt. Dies offeriere ich Ihnen anhand des Schriftverkehrs von Papst Lucius III. mit dem Orden, Sie erhalten dabei einen Einblick wie päpstliche Korrespondenz aufgebaut war, was dort behandelt wurde und wie das zu interpretieren ist. Damit sind Sie hautnah am Geschehen von vor fast eintausend Jahren dran und können auf Grundlage der ungeschminkten Quellen, die ich zitiere, sich Ihre eigene Meinung bilden.

Alles was wir heute für Selbstverständlich halten, entstand im Mittelalter! Das Mittelalter kennen heißt, die heutige Zeit in der wir leben verstehen! Daher ist es elementar wichtig, sich mit dieser Epoche zu beschäftigen. Nach der Lektüre dieses Buches werden Sie vieles was tagtäglich um Sie herum passiert, oder Sie sagen und tun besser verstehen!

Die jeweiligen Abschnitte sind nicht zu lang gehalten, sodass man sich einen kurzen, aber dennoch fundierten Überblick über das jeweilige Themengebiet verschaffen kann. Darüber hinaus sind die Themen unabhängig voneinander und in sich vollständig betrachtet, man muss das Buch also nicht von vorn bis hinten lesen, sondern kann sich zunächst den Teil heraussuchen, der einen am meisten interessiert.

Daher wünsche ich Ihnen nun ganz viel Spaß bei der Erkundung einer äußerst exotischen, bunten, spannenden und mitreißenden Epoche!

2 Zwischen Fest und Politik: Die Bedeutung des Festmahls

Einleitung

Im ersten Kapitel des Buches werden wir uns mit dem mittelalterlichen Festmahl beschäftigen. Dies mag zunächst banal erscheinen, doch wir werden feststellen, dass das Festmahl ein konstituierender Akt für mittelalterliche Herrschaft war. Im Festmahl konnte man die ganze Verfasstheit des Hofes, die Bedeutung seiner Mitglieder und des Adels sowie das Selbstverständnis der Führungsschicht des Mittelalters ablesen. Diese Aspekte findet man in nahezu jeder öffentlichen Handlung der Hofmitglieder.

Das Festmahl schien dabei eine herausragende Rolle zu spielen, da hier verschiedene Aspekte hochmittelalterlicher Lebenswelt und normativer Vorstellungen der Höflinge bezüglich der Beschaffenheit des Hofes und den Verpflichtungen des Adels ineinander griffen. Aber auch das gemeinsame Essen als eine politische Handlung ist in diesem Zusammenhang ein sehr interessanter Gesichtspunkt. Daher entschied ich mich, dieses Phänomen des Festmahls, welches in keiner Weise einfach nur die Einnahme von Speisen zu bedeuten schien, näher zu untersuchen und dies im Rahmen einer Seminararbeit zu tun.

Dabei wurde den Festen in der Geschichtsforschung bis in die 1990er Jahre kaum eine Bedeutung zugemessen. Man hat zeremonielle Akte als unwichtigen Prunk oder Verschwendung angesehen. So wurde auch dem Festmahl keine besondere Wichtigkeit für die soziale und politische Konstitution des mittelalterlichen Hofes beigemessen. Diese Sicht hat sich erst in den letzten zwei Jahrzehnten geändert

Einen guten Allgemeinüberblick über Ablauf und Bedeutung eines Festmahls am hochmittelalterlichen Fürstenhof, findet man bei Joachim Bumkes „Höfische Kultur" und Werner Paravicinis „Ritterlich-höfische Kultur".

Angefangen bei der Bedeutung von Essen im Mittelalter generell, über Ablauf, Ort und beteiligte Personen bei einem Mahl bis hin zur politischen Bedeutung und Rangstreitigkeiten unter den Fürsten bei einem solchen Fest.

Während Paravicini eher die Bedeutung des Verhältnisses zwischen „Herrenspeise" und „Bauernspeise" analysiert, ist bei Bumkes Ausführungen die Rolle des Truchseß, als zeremonieller Leiter des Festes, besonders interessant.

Diese Thematik wird in Birgit Frankes „Alttestamentliche Tapisserie und Zeremoniell am burgundischen Hof" vertieft. In ihrer Arbeit steht neben den Aufgaben und der Bekleidung des Truchseß auch die Art der Darreichung der Speisen im Mittelpunkt.

Welche Speisen gereicht wurden, wieviel Gänge bei so einem Festmahl üblich waren und aus welchem Material Tischservice und Möbel bestanden kann man bei Uta Löwensteins „Voraussetzungen und Grundlagen von Tafelzeremoniell und Zeremonientafel" nachlesen.

Um die Anzahl der gereichten Speisen in ein Verhältnis zur mittelalterlichen Nahrungsversorgungssituation und der im Alltag verfügbaren Lebensmittel setzen zu können, empfiehlt sich das Buch „Essen und Trinken im Mittelalter" von Ernst Schubert.

Angefangen bei der generellen Bedeutung von Essen für den Menschen, geht er besonders auf die allgemeine Nahrungssituation im Mittelalter ein und leitet aus der von ihm beschriebenen latenten Nahrungsmittelknappheit die besondere soziale und politische Bedeutung eines voluminösen Festmahls ab.

Diese sozialen und politischen Bedeutungen, die Schubert in seinem Buch anklingen ließ, werden bei Thomas Michael Martin, „Auf dem Weg zum Reichstag 1314 – 1410", vertieft.

In seinem Buch analysiert er die Ereignisse, zu denen ein Festmahl überhaupt veranstaltet wurde.

Speziell beleuchtet er hierbei die Wichtigkeit eines Hofmahls im Rahmen von Reichstagen.

Diese Festlichkeiten dienten insbesondere der Repräsentation des Herrschers und der politischen Konstitution des Adels.

Christina Hofmann-Randall geht in ihrem Buch „Die Herkunft und Tradierung des Burgundischen Hofzeremoniells" sogar noch einen Schritt weiter und behauptet, dass es im Mittelalter gar keine Trennung zwischen Hof und Staat gegeben hat. Das Festmahl sei also ein politischer Akt gewesen.

Diese interessante Annahme wurde auf der Reichenau-Tagung vom 30.03. – 02.04.1993 unter dem Titel „Deutscher Königshof, Hoftag und Reichstag im späteren Mittelalter (12. – 15. Jahrhundert)" diskutiert. Dieser Diskussion ging der Vortrag von Dr. Werner Rösener „Die Hoftage Friedrich I. Barbarossa im Regnum teutonicum" voran.

Hierbei wurde insbesondere auf den solidarischen Charakter des Festes und die politische Bedeutung von Festen für ein dezentrales Herrschaftssystem ohne festen Residenzort eingegangen. Müller-Mertens vertrat in dieser Debatte genau wie Hofmann-Randall in ihrem Buch, die Auffassung, dass das Fest an sich ein Herrscherakt darstellte.

Das führte mich zu der Frage, was Zeremonien und Riten im Mittelalter generell für eine Bedeutung besaßen.

Um dies zu beantworten empfiehlt sich das Buch „Riten, Gesten, Zeremonien. Gesellschaftliche Symbolik in Mittelalter und Früher Neuzeit", welches von Edgar Bierende, Sven Bretfeld und Klaus Oschema im Jahre 2008 herausgegeben wurde.

Hier werden Herkunft, Funktion sowie Bedeutung von Zeremonien für die mittelalterliche Gesellschaft analysiert, erläutert und diskutiert.

In diesem Werk wird die soziale Bedeutung von Zeremonien in den Vordergrund gestellt. Sie seien für einen reibungslosen, zwischenmenschlichen Kontakt unabdinglich. Dabei nehme die Zeremonie die Rolle einer symbolischen Kommunikation zwischen den anwesenden Subjekten ein.

Zeremonien seien auf das jeweilige Herrschafts- und Gesellschaftssystem historisch-traditionell zugeschnitten, sodass sich die genauen Abläufe von Land zu Land (bzw. Hof zu Hof) unterscheiden.

Zeremonien hatten also eine existenzielle Funktion für das monarchische Herrschaftssystem, so lautet das Fazit dieses Buches.

In der folgenden Arbeit werde ich die unterschiedlichen Bedeutungsebenen eines Festmahls für den hochmittelalterlichen Fürstenhof herausarbeiten und interpretieren.

Als Grundlage zur Bearbeitung dieses Themas, habe ich als Quelle einen Auszug aus Arnold von Lübecks „Slawenchronik" ausgewählt.

In Kapitel 9, „Wie Heinrich zum König gekrönt wurde", wird im Rahmen der Schwertleite des Sohnes von Kaiser Friedrich I. das Festmahl beim Mainzer Hoffest von 1184 aus Sicht Arnolds von Lübeck dargestellt.

Arnold von Lübeck war ein welfischer Chronist und Abt. Mit seiner „Chronica Slavorum" setzte er die gleichnamige Schrift von Helmold von Bosau (gest. 1177) fort, die Arnold um ca. 1210 vollendete.

Entstanden ist das Werk vermutlich direkt in Lübeck. Die Originalhandschriften fehlen.

Es sind nur noch Nachdrucke des Originals und Quelleneditionen vorhanden.[1]

1886 erschien eine Abschrift des Originals in Latein, in der Monumenta Germaniae Historica, die 1978 unverändert nachgedruckt wurde.[2]

---

[1] Potthast, August: „Wegweiser durch die Geschichtswerke des europäischen Mittelalters bi 1500.", Band 1,
   Berlin, 1896, S. 245

[2] http://www.kirchenlexikon.de/a/arnold_v_lue.shtml, 07.08.2010, 14:26 Uhr

In der Quellenedition „Geschichtsschreiber der deutschen Vor-
zeit“, erschien die Chronik ins Deutsche übersetzt.
Diese deutsche Edition soll die Quellengrundlage der vorliegenden
Hausarbeit sein.

Das Grundlegende

Ort und Ablauf der Festivität

Wie bereits erwähnt, war Arnold von Lübeck ein welfischer Chronist und er schrieb insbesondere für Heinrich den Löwen. Aufgrund der Rivalität um die Königskrone zwischen den Welfen und Staufern, war er kein besonders großer Freund Kaiser Friedrichs I.. Dennoch schien ihn das Mainzer Hoffest von 1184, ungeachtet seiner Abneigung gegenüber der herrschenden Dynastie, ungemein beeindruckt zu haben.

So beschrieb er, dass eigens für das Fest ein extra großer Palast aus Holz gebaut wurde.[3]

Der Chronist legte an dieser Stelle also besonderen Wert darauf, die außerordentliche Örtlichkeit zur Austragung des Festes zu betonen.

Daraus lässt sich schließen, dass für ein höfisches Festmahl, die Beschaffenheit der dafür vorgesehenen Lokalität von spezieller Bedeutung war.

Hoftage, wie die von Mainz 1184, dienten der Repräsentation des Herrschers und wurden daher häufig zu aktuellen, politischen Begebenheiten veranstaltet. In diesem Rahmen findet dann auch oft ein festliches Mahl statt, in dessen prunkvoller Ausgestaltung der Fürst seine Macht auf materieller Basis zur Schau stellt.[4]

Es ist anzunehmen, dass bei einem Festmahl die üblichen Strapazen eines Reisekönigtums vergessen werden wollten.

---

[3] Von Lübeck, Arnold: „Chronica Slavorum" in: Geschichtsschreiber der deutschen Vorzeit", zweite

Gesamtausgabe. Dreizehntes Jahrhundert, dritter Band. Die Chronik Arnolds von Lübeck. Drittes Buch, Kapitel

9: „Wie Heinrich zum König gekrönt wurde", Leipzig, S.102

[4] Martin, Thomas Michael: „Auf dem Weg zum Reichstag 1314 – 1410" in: Schriftenreihe der Historischen

Kommission bei der Bayerischen Akademie der Wissenschaften, Band 44, Göttingen, 1993, S. 150 - 153

Das Fest in einem hergerichteten Saal sollte jedoch auch Stabilität in Zeiten der immerwährenden Mobilität darstellen und zugleich für eine fröhliche Atmosphäre sorgen.[5]

Wenn die Gäste den Raum betraten, war bereits der erste Gang fertig aufgetischt.

Die Tische waren meistens in einer U-Form angeordnet, an dessen Stirnseite der Fürst saß.

Dabei wurde jedem Tisch eine bestimmte Anzahl an Dienern zugeteilt.[6]

Nachdem der Truchseß mit seinem Stab den Gästen die für sie vorgesehenen Plätze, nach einem streng-hierarchischen Sitzplan, zugewiesen hatte, sprach der Älteste das Tischgebet, die Speisen wurden gesegnet und man wusch sich die Hände.[7]

Anhand der Segnung der Nahrung wird deutlich, was für einen hohen Wert Lebensmittel im Mittelalter besaßen.

Jeder neue Gang wurde mit Trompetensignalen und Gesängen angekündigt.

Obgleich der Ablauf eines Festmahls von Hof zu Hof unterschiedlich war, war er im Allgemeinen jedoch sehr ähnlich.

---

[5] Schubert, Ernst: „Essen und Trinken im Mittelalter", Darmstadt, 2006, S. 242

[6] Bumke, Joachim: „Höfische Kultur. Literatur und Gesellschaft im hohen Mittelalter." 12. Auflage, München, 2008, S.255

[7] Schubert Ernst: „Essen", 2006, S. 242

Die Speisen bei einem Festmahl

In überschwänglichen Formulierungen beschreibt Arnold von Lübeck die Großzügigkeit bei diesem Fest.

Mit Worten wie „Überfluss an Lebensmitteln" (S. 101) und „ohne Maß" versucht er den Eindruck eines üppigen und luxuriösen Festmahls zu vermitteln.

Allein die Tatsache, dass der Überfluss an Speisen von dem Chronisten in dieser Form betont wird, lässt darauf schließen, dass es im Mittelalter durchaus nicht üblich war einen reich gedeckten Tisch vor zu finden.

Tatsächlich wurden noch im Spätmittelalter von einem großen Teil der Bevölkerung ca. 80% der Einkünfte für Nahrung ausgegeben.[8]

Diese Knappheit an Nahrungsmitteln gab es jedoch nicht nur beim gemeinen Volk, auch bei Hofe waren Lebensmittel ein hohes und vor allen Dingen rares Gut. So herrschte selbst am Hof Kaiser Karls des Großen kein Überfluss an Essen.[9]

Wenn es jedoch viel und reichlich an Nahrung gab, dann bei Hofe. Fürstliches Speisen war ein Vorrecht des Adels, welches man aus dem Festmahl des Assuerus in der Bibel ableitete.[10]

Bei der Hochzeit Heinrichs von Kärnten mit Adelheid von Braunschweig im Jahre 1315 wurden für das Festmahl 69 Rinder, 252 Schafe, 58 Schweine, 357 Schweineschultern, 242 Lämmer und 55 560 Brote herangeschafft.[11]

---

[8] Schubert, Ernst: „Essen",2006, S. 13
[9] Schubert, Ernst: „Essen", 2006, S.13
[10]Franke, Birgit: „Alttestamentliche Tapisserie und Zeremoniell am burgundischen Hof" in: Berns, Jörg Jochen
   Und Rahn, Thomas: „Zeremoniell als höfische Ästhetik in Spätmittelalter und Früher Neuzeit." Band 25,
   Tübingen, 1995, S.346 - 347
[11] Schubert, Ernst: „Essen", 2006, S. 277

Allein die Tatsache, dass diese Zahlen so genau überliefert sind und sich jemand die Mühe gemacht hatte, die Menge an Lebensmitteln zu verzeichnen, lässt auf die außerordentliche Bedeutung des Festmahls für den Hof schließen.[12]

Man servierte häufig Tiere, die man bei der Jagd fangen konnte.

Wild und Fisch (Pfauen, Kapaune, Rebhuhn, Kranich, Trappe) bildeten daher die Hauptelemente der Herrenspeise.[13]

Die Jagd war ebenfalls ein Privileg des Adels, dessen man sich ganz bewusst bediente.

An dieser Stelle wird bereits deutlich, dass das Festmahl nicht als ein geschlossener Repräsentationsakt anzusehen ist, sondern mit verschiedenen Aspekten des höfischen Lebens und der adligen Kultur (wie der Jagd) verknüpft wurde!

Für die hohen Herren gab es drei Gänge, für die gemeinen Rotten oft nur zwei.[14]

Man liebte es außerdem scharf zu würzen.

Neben (gesüßtem einheimischen oder ausländischen) Wein und gutem Brot bediente man sich auch gern orientalischer Gewürze (wie Nüsse, Mandeln, Feigen, Datteln, Rosinen und Ingwer).[15]

Ebenso wichtig, wie die ausgewählten Zutaten waren die Tischzuchten.

Essen befriedigte ein überlebenswichtiges Grundbedürfnis. Durch gesittetes Einnehmen von Speisen und der Vermeidung mehr zu essen, als es der Hunger erlaubte, wollte man sich so „vom triebgesteuerten Bauern" abheben.

---

12 Schubert, Ernst: „Essen", 2006, S. 277

13 Bumke, Joachim: „Kultur", 2008, S. 242

14 Löwenstein, Uta: „Voraussetzungen und Grundlagen von Tafelzeremoniell und Zeremonientafel" in: Berns,
    Jörg Jochen und Rahn, Thomas: „Zeremoniell als höfische Ästhetik in Spätmittelalter und Früher Neuzeit."
    Band 25, Tübingen, 1995, S.346 - 347

15 Bumke, Joachim: „Kultur", 2008, S. 244

Wenn der Adel diese Norm tatsächlich befolgte, so müsste bei einem Festmahl wie es Arnold von Lübeck beschrieb, eine große Menge an Nahrung übrig geblieben sein.

Es war brauch, nach einer solchen Festivität, die Reste dem armen Volk zu spenden. [16]

Blieb viel übrig, konnte man den Armen viel geben. Damit bekundete der Herr seine Großzügigkeit und gleichzeitig seine Mildtätigkeit gegenüber seinen Untertanen. Zwei wichtige Eigenschaften für einen guten Christen.

Damit bestärkte der Fürst seine göttliche Legitimation und christliche Reinheit.

---

[16] Löwenstein, Uta: „Voraussetzungen", 1995, S. 268

Die repräsentative Bedeutung des Festmahls

Der Hauptteil von Arnold von Lübecks Darstellung des Mainzer Hoffestes, handelt vom Streit um den Platz zur Linken des Kaisers beim Festmahl (S. 102 – 104).
Der Abt von Fulda erhebt Anspruch auf diesen Platz, auf dem eigentlich der Kölner Erzbischof sitzt.
Aus diesem Konflikt und der ausführlichen Beschreibung desselben, kann man die verschiedenen Bedeutungsebenen des Festmahls für das hochmittelalterlicher Herrschaftssystem ableiten.
Daher wird in den folgenden Kapiteln drei und vier diese Konfrontation Schritt für Schritt auseinandergenommen und analysiert werden.

Sitzordnung

Wie in Kapitel oben erwähnt, wies der Truchseß mit seinem Stab die Gäste zu ihren Plätzen.
Es wurde dabei nach einem strengen Sitzplan verfahren.
Dabei entschieden Stand und Gunst beim Herrscher, welchen Platz man bekam. Je näher man dem Fürsten saß, desto größer war die Ehre für den Gast. Waren mehrere hochrangige Personen anwesend, war eine sorgfältig ausgearbeitete Sitzordnung von Nöten, um keinen Adligen in seiner Würde herabzusetzen.[17]
Doch es kam nicht nur darauf an neben wem man saß, sondern auch wie man saß.
Die beliebteste Tischanordnung bei solch einem Fest, war die U-Form. Der Herr saß in der Mitte und konnte die ganze Tafel überblicken. Die Rangfolge nahm dann jeweils links und rechts vom Herrscher ab.[18]Um Rangunterschiede noch deutlicher sichtbar zu

---

17 Bumke, Joachim: „Kultur", 2008, S. 250 - 251
18 Bumke, Joachim: „Kultur", 2008, S. 265

machen, wurden die Stühle des Herren und seiner hochrangigsten Gäste oft höher aufgestellt, als die der anderen. [19]
Nun war es mit der Anordnung der Plätze für die jeweiligen Gäste jedoch noch nicht getan.
Der jeweilige Sitzplatz enthielt einen kognitiven Code, welche Rolle und Bedeutung der entsprechende Gast im Gefüge des Hofes einnahm.

So wirkte sich dieser Umstand auch auf Umfang und Qualität der Speisen, die Anzahl der dem Tisch zugewiesenen Diener und die Ausstattung des Mobiliars aus. [20]
Die hochrangigen Gäste saßen auf feinen Stühlen an kleinen Tischen aus kostbarem und bequemem Material, während Gäste niederen Standes auf gepolsterten Bänken saßen und sich größere Tische mit einigen anderen Personen teilen mussten.[21]
In diesem Fall wirkte sich etwas nicht-Materielles wie die Gunst beim Herrn, auf Materielles, wie quantitative/qualitative Nahrungsverteilung, aus.
Es war eine besondere Ehre für den Gast, wenn die Hausherrin ihm die Speisen schnitt und servierte oder er aus ihrem Kelch trinken durfte.[22]
Hier entstand also eine Verknüpfung aus höfischem Essen und Minne.
Wie beim Servieren von vom Adel gejagten Tieren verband man hierbei das Festmahl mit anderen höfischen Tugenden.

Die Sitzordnung war also sowohl ein Abbild der ständischen Hierarchie bei Hofe, als auch der Gunstzuweisung durch den Fürsten und seiner Gemahlin.
Beide Aspekte griffen offensichtlich bei der Vergabe von Sitzplätzen in einander.

---

[19] Schubert, Ernst: „Essen", 2006, S. 281
[20] Löwenstein, Uta: „Voraussetzungen", 1995, S.266 - 275
[21] Bumke, Joachim: „Kultur", 2008, S.248 - 254
[22] Bumke, Joachim: „Kultur", 2008, S. 266

Die repräsentative Bedeutung

Wie in den vorangegangenen Kapiteln dargelegt wurde, betrieb man bei der festlichen Ausgestaltung und des Ablaufs eines Festmahls einen großen Aufwand.

Teures Mobiliar, viele hochwertige Speisen, gute Weine, viele Gänge, strenge Sitzordnung, musikalische Ankündigung von Gängen, „automatisierte" Tischservice und Pasteten, denen lebende Vögel entflogen.

All dies, diente vor allem der Repräsentation des Adels. Der Fürst wollte damit seinen Reichtum und seine Großzügigkeit zur Schau stellen.

Feste liefen daher auch immer nach einem gegliederten Zeremoniell ab. Damit wurde eine Ordnung der Dinge suggeriert.

Des Weiteren waren Zeremonien immer auch ein Spiegel von Normen gesellschaftlicher Interaktion.[23]

Nicht zuletzt, hob sich mit dieser Form der symbolischen Kommunikation der Adel von der „dörperschen" Lebensweise der Bauern ab.

Die Sachen, die auf den Tisch kamen, waren ebenso Statussymbol wie beispielsweise die Kleidung.[24]

Die repräsentative Bedeutung des Festmahls bestand also in der Zur-Schau-Stellung adligen Selbstverständnisses und der Exklusivität des höfischen Kreises, der sich in Form materiellen Luxus darstellte.

Doch nicht nur für den Herrn galt das Festmahl als Ort der Selbstdarstellung. Auch für die anwesenden Gäste.

Wie bereits im vorigen Kapitel dargelegt, war es eine große Ehre in möglichst unmittelbarer Umgebung des Fürsten zu sitzen. Saß man nahe dem Herrscher, zeigte dies den anderen Gästen unmissver-

---

[23] Bierende, Edgar/Bretfeld, Sven/Oschema, Klaus (Hrsg.): „Riten, Gesten, Zeremonien. Gesellschaftliche
Symbolik in Mittelalter und Früher Neuzeit", Berlin, 2008, S. X
[24] Schubert, Ernst: „Essen", 2006, S. 249

ständlich, welchen Rang man im sozialen Gefüge des Hofes einnahm und dass man in der Gunst des Herrn stand.[25]

Die höchste Auszeichnung stellte es demnach dar, direkt neben dem Fürsten zu sitzen. Da kam es schon mal vor, dass sich nahezu gleichrangige Adlige heftig um diese Ehrzuweisung stritten.

Wie der Abt von Fulda und der Erzbischof von Köln auf dem Mainzer Hoffest.

Es ging also um die Repräsentation ihrer Ehre, ihres Standes, ihrer Zukunft bei Hofe und ihrem politischen Einfluss.

Letzteres, soll im folgenden Kapitel analysiert werden.

---

[25] Schlinker, Steffen: „Fürstenamt und Rezeption. Reichsfürstenstand und gelehrte Literatur im späten
  Mittelalter", Köln, 1999, S. 51

Das Festmahl als Herrscherakt
Politische Bedeutung und rechtliche Dimension

Nachdem die Hintergründe der festlichen Ausgestaltung und die repräsentative Bedeutung eines Festmahls dargelegt wurden (insbesondere die Bedeutung der Sitzordnung, die in der Erzählung des Chronisten eine zentrale Rolle spielt), kann man sich nun den Fragen widmen, warum es beim Mainzer Hoffest zu einem solchen Streit um den linken Platz neben dem Kaiser kam und warum Arnold von Lübeck diese Auseinandersetzung so ausführlich beschrieben hat.

Dazu ist hilfreich, sich noch einmal in Erinnerung zu rufen, zu welchen Gelegenheiten überhaupt Festessen veranstaltet wurden.

Hofmähler wurden entweder nach einer Königskrönung oder bei einem Hoftag veranstaltet.

Bei Letzterem meist nach Vertragsabschlüssen, Verhandlungen oder generell politisch hochaktuellen Ereignissen.[26]

Im Falle der vorliegenden Quelle handelt es sich um die Königskrönung des Kaisersohnes, welche im Rahmen eines Hoffestes veranstaltet wird.

In der Slawenchronik verschmelzen also beide Austragungsgelegenheiten eines Festmahls ineinander.

Der Chronist beschreibt, wie der Abt von Fulda beim Festmahl den Kaiser bittet, zu seiner Linken sitzen zu dürfen. Zwar sei es richtig, dass nach Krönungen dem Kölner Erzbischof diese Ehre zu Teil werde, bei Hoffesten stehe dieser Platz jedoch ihm zu und nicht dem Kölner.

Der Kaiser bittet daraufhin den Erzbischof aufzustehen und dem Fuldaer niedersitzen zu lassen.

Der Kölner folgt diesem Wunsch, ist jedoch sichtlich betroffen über diese Bitte seines Herrn. [27]

---

[26] Martin, Thomas Michael: „Weg", 1993, S.151
[27] Von Lübeck, Arnold: „Chronica", S. 103

Immerhin spricht ihm der Kaiser den Anspruch auf den ehrenvollsten Platz an der Tafel ab und das nur, weil der Abt von Fulda meinte, ihm gebühre diese Ehre.

Dies kommt auch einem Gunstentzug gleich, denn nur derjenige, der in der Gunst des Souveräns steht, darf auch nahe bei ihm sitzen.

So war diese Szene für den Kölner Erzbischof nicht nur eine Impertinenz seitens des Fuldaer Abtes, sondern auch eine politische und rechtliche Niederlage. Denn das Ereignis geschah im Beisein der höchsten Mitglieder des Reichsverbandes und hochrangiger, ausländischer Gäste (wie Arnold von Lübeck am Anfang erklärte).

Im Mittelalter war die soziale Stabilität der Gesellschaft auf Personenbeziehungen angewiesen.[28]

Daher war es wichtig, nach dem Abschluss eines Vertrages (auch die Krönung war eine Art Vertrag) sich der Einhaltung desselben durch die beteiligten Personen zu versichern.

Aus diesem Grund sah man sich dazu gezwungen, eine gemeinschaftsbildende Handlung zu vollziehen. Dafür eignete sich das Festmahl.

Aufgrund der guten Stimmung, des vielen Essens und der fröhlichen Atmosphäre, die bei dieser Festivität vorherrschen sollten, diente es dazu eine soziale Bindung zwischen den Vertragsparteien zu konstituieren und sie so in der Ausfüllung ihrer Pflichten zu bestärken bzw. sie daran zu „erinnern".

Durch den Platzverweis des Kölner Erzbischofes sah sich dieser jedoch nun in der Lage, dass er in der Konstituierung der Gemeinschaft einen anderen Platz einnehmen musste. Er war nicht mehr der oberste Günstling des Kaisers und nahm daher auch eine weniger wichtige Stellung gegenüber den anderen Fürsten ein.

---

[28] Battenberg, Friedrich in: Rösener, Werner: „Die Hoftage Friedrich I. Barbarossa in Regnum Teutonicum", in:

„Deutscher Königshof, Hoftag und Reichstag im späteren Mittelalter (12. – 15. Jahrhundert)", II. Königshof

und Reichstag, Reichenau-Tagung, Protokoll 333 in: Konstanzer Arbeitskreis für mittelalterliche Geschichte

e.V., S. 11

Die Nähe zum Herrscher bewirkte auch, dass ausländische Magnaten sich zunächst an denjenigen wandten, der in der Gunst des Herrn am höchsten stand. In dem Falle war das zugleich die Person, die links neben dem Kaiser saß (rechts saß seine Gemahlin). Dieser Sitzplatz verlieh einem also auch eine stärkere Position bei Verhandlungen.

Arnold von Lübeck drückt deutlich aus, wie beleidigt daher der Erzbischof war und sogleich den Raum verließ.
Ihm folgten der Pfalzgraf bei Rhein, Graf von Assowe, der Herzog von Brabant und „viele andere vornehme Männer".[29]
Also nicht nur der Kölner Erzbischof schien sich beleidigt zu fühlen, sondern auch Reichsfürsten, die ihm nahe standen oder seine Lehnsmänner waren.
Den Ehr- und Gunstentzug schienen daher auch diese Fürsten als eine Herabstufung ihrer politischen Stellung im Reich anzusehen.
Dadurch, dass der Erzbischof und viele andere hochrangige Herren den Saal demonstrativ verließen, drohte der eigentliche stabilisierende, politisch-soziale Sinn dieses Festmahls in sein genaues Gegenteil umzuschlagen.
Dies erkannte laut Arnold von Lübeck auch der frisch gekrönte König Heinrich, der zum Kölner lief und ihn bat zu bleiben.
Der Kaiser, der ebenfalls geschockt über diesen Vorfall war, schloss sich der Bitte seines Sohnes an.[30]
Die beiden Herrscher befürchteten, so beschreibt es der Chronist, dass das Reich sich an dieser Auseinandersetzung spalten könne.[31]
Das Festessen war wichtig für die Stabilität des Reiches und der Herrschaft des Königs.
Ohne die Gefolgschaft der Reichsfürsten war der Herr so gut wie machtlos und konnte keine effektive Politik betreiben. Gefasste Beschlüsse mussten von den Fürsten getragen werden.

---

[29] Von Lübeck, Arnold: „Chronica", S. 103
[30] Von Lübeck, Arnold: „Chronica", S. 103
[31] Von Lübeck, Arnold: „Chronica", S. 103

Dieses Mainzer Krönungs- und Hoffestmahl von 1184 enthielt also sowohl Amts,- Lehns- und gefolgschaftsrechtliche Elemente. Sie verliehen der Festmahlszeremonie einen staatssymbolischen und herrschaftskonstituierenden Charakter und bestätigen den „Amtsantritt" des Königs.[32]

Im Falle einer Königskrönung konnte die Ausübung der Erzämter durch die Herzöge geschehen. Mit der Darreichung der Speisen und der Organisation des Festmahls, versicherten die Höchsten des Reiches dem König ihre Treue und Dienstpflichten.[33]

Bei einem solchen Fest (ob nun Krönungsmahl oder Hoftagsfestessen) trank und aß man gemeinsam und es sollte dadurch eine entspannte und fröhliche Stimmung herrschen.

Dies sollte zur friedlichen Gestaltung sozialer Wirklichkeit und einer harmonischen Zukunft motivieren. Gesteigerter Frieden durch gemeinsame Freude war der Hintergedanke bei einem solchen Festmahl wie beim Mainzer Hoffest. [34]

Zusätzlich wollte sich der Herrscher, durch diese öffentliche Zusammenkunft, der lehnsrechtlichen Pflichten von Rat und Hilfe seitens der Reichsfürsten versichern.[35]

Doch diese Aspekte des Gastmahles schienen durch das Verlassen des Saals seitens des Erzbischofes und der vielen Reichsfürsten ihre Bedeutung zu verlieren, ja womöglich genau in ihre Gegenteile zu kulminieren.

Und genau aus dem Grund, war dem welfischen Chronisten Arnold von Lübeck die Auseinandersetzung des Fuldaer Abtes und

---

[32] Boshof, Egon: „Königtum und Königsherrschaft im 10. und 11. Jahrhundert", München, 1993, S. 82

[33] Franke, Birgit: „Tapisserie", 1995, S. 340

[34] Schubert, Ernst: „Essen", 2006, S. 275

[35] Schubert, Ernst: „König und Reich. Studien zur spätmittelalterlichen deutschen Verfassungsgeschichte"
In: Schubert, Ernst: „Königsabsetzung im deutschen Mittelalter. Eine Studie zum Werden der
Reichsverfassung.", Göttingen, 2004, S. 323

des Kölner Erzbischofes um den linken Platz des Kaisers auch so wichtig.

Überspitzt formuliert, ging es bei diesem Streit um die Zukunft des Reiches und womöglich der Herrschaft der Staufer.

Fazit

Ziel dieser Arbeit war es darzulegen, welche Bedeutung das Festmahl für den Adel am hochmittelalterlichen Fürstenhof besaß.

Dabei stellte sich heraus, dass es sich um mehr als bloß ein Essen handelte.

Die Chronik Arnolds von Lübeck und des darin beschrieben Streites zwischen dem Kölner Erzbischof und dem Abt von Fulda lässt viel mehr vermuten, dass die reine Einnahme von Speisen bei so einer Festivität sogar eher nebensächlich war.

Zwar stellte es in einer Zeit latenter Nahrungsmittelknappheit durchaus eine Besonderheit dar, einen reich gedeckten Tisch vorzufinden, jedoch diente die Stillung des Hungers dazu, eine freudige, wohlige und zufriedene Atmosphäre zu schaffen.

Wie bereits dargelegt, wurden Festmähler meist nach Abschluss von Verträgen oder Königskrönungen veranstaltet.

In einer auf Personenbeziehungen angewiesene Gesellschaft war es wichtig, dass man sich gut verstand, um diese rechtlichen Abkommen auf Dauer zu sichern bzw. überhaupt erst den erfolgreichen Abschluss der Verhandlungen zu manifestieren.

Nach Königskrönungen wurden die Erzämter von den Höchsten des Reiches ausgeübt.

Damit band der Herr die Reichsfürsten an sich und versicherte sich ihrer Treue- und Dienstpflichten.

Für den hochmittelalterlichen Adel hatte das Festmahl jedoch nicht nur eine politische Dimension.

Der Gastgeber nutzte die Gelegenheit sich als mildtätiger und großzügiger Herrscher auszugeben.

Dies erreichte er durch die Darbietung eines Überflusses an Speisen, aufwendiger Dekorationen und wertvollen Tafelaufsätzen.

Da bei einer Festivität solchen Ausmaßes auch viel Essen übrig blieb, konnte der Fürst auch viel den Armen geben.

Genau in dieser Geste äußerte sich seine Mildtätigkeit und Großzügigkeit. Zwei wichtige Eigenschaften für einen guten Christen.

Das Festmahl hatte jedoch auch eine substituierende Funktion für den Hof an sich.

In der Sitzordnung spiegelte sich die soziale und ständische Hierarchie bei Hofe wider.

Hier zählte nicht nur eine hohe Geburt und edle Herkunft, sondern auch die Gunst beim Fürsten und Die konnte theoretisch gesehen jeder erlangen.

Des Weiteren äußerte sich im Festmahl das adlige Selbstverständnis durch die Verknüpfung höfischer Tugenden (wie die Minne beim Trinken aus dem Kelch der Herrin) mit der zur-Schau-Stellung adliger Privilegien (wie das Verspeisen von Tieren, die bei der Jagd geschossen wurden).

Damit wollten sich die hohen Herrschaften vom einfachen Volk abheben und ihren außergewöhnlichen politischen Status und ihre exklusive soziale Stellung innerhalb der mittelalterlichen Gesellschaft verdeutlichen.

Das Festmahl diente dem Adel am hochmittelalterlichen Fürstenhof mit seinen dargelegten poltischen, rechtlichen, ständischen, gesellschaftlichen und sozialen Funktionen als konstituierender Faktor für die Stabilität der politischen Verhältnisse und konsolidierendes Moment für die soziale Ordnung bei Hofe.

Anhang

Literatur- und Quellenverzeichnis

Battenberg, Friedrich in: Rösener, Werner: „Die Hoftage Friedrich I. Barbarossa in Regnum Teutonicum", in: „Deutscher Königshof, Hoftag und Reichstag im späteren Mittelalter (12. – 15. Jahrhundert)", II. Königshof und Reichstag, Reichenau-Tagung, Protokoll 333 in: Konstanzer Arbeitskreis für mittelalterliche Geschichte e.V.

Bierende, Edgar/Bretfeld, Sven/Oschema, Klaus (Hrsg.): „Riten, Gesten, Zeremonien. Gesellschaftliche Symbolik in Mittelalter und Früher Neuzeit", Berlin, 2008

Boshof, Egon: „Königtum und Königsherrschaft im 10. und 11. Jahrhundert", München, 1993

Bumke, Joachim: „Höfische Kultur. Literatur und Gesellschaft im hohen Mittelalter." 12. Auflage, München, 2008

Franke, Birgit: „Alttestamentliche Tapisserie und Zeremoniell am burgundischen Hof" in: Berns, Jörg Jochen und Rahn, Thomas: „Zeremoniell als höfische Ästhetik in Spätmittelalter und Früher Neuzeit." Band 25, Tübingen, 1995

Löwenstein, Uta: „ Voraussetzungen und Grundlagen von Tafelzeremoniell und Zeremonientafel" in: Berns, Jörg Jochen und Rahn, Thomas: „Zeremoniell als höfische Ästhetik in Spätmittelalter und Früher Neuzeit." Band 25, Tübingen, 1995

Martin, Thomas Michael: „Auf dem Weg zum Reichstag 1314 – 1410" in: Schriftenreihe der Historischen Kommission bei der

Bayerischen Akademie der Wissenschaften, Band 44, Göttingen, 1993

Potthast, August: „Wegweiser durch die Geschichtswerke des europäischen Mittelalters bi 1500.", Band 1, Berlin, 1896

Schlinker, Steffen: „Fürstenamt und Rezeption. Reichsfürstenstand und gelehrte Literatur im späten Mittelalter", Köln, 1999

Schubert, Ernst: „Essen und Trinken im Mittelalter", Darmstadt, 2006, S. 242

Schubert, Ernst: „König und Reich. Studien zur spätmittelalterlichen deutschen Verfassungsgeschichte" In: Schubert, Ernst: „Königsabsetzung im deutschen Mittelalter. Eine Studie zum Werden der Reichsverfassung.", Göttingen, 2004

http://www.kirchenlexikon.de/a/arnold_v_lue.shtml, 07.08.2010, 14:26 Uhr

Von Lübeck, Arnold: „Chronica Slavorum" in: Geschichtsschreiber der deutschen Vorzeit", zweite Gesamtausgabe. Dreizehntes Jahrhundert, dritter Band. Die Chronik Arnolds von Lübeck. Drittes Buch, Kapitel 9: „Wie Heinrich zum König gekrönt wurde", Leipzig, S.102

3   Das mittelalterliche Turnier

Der Zweikampf im spätmittelalterlichen Turnier. Welche Bedeutung besaßen Ahnenprobe und Helmschau für das soziokulturelle Selbstverständnis des niederen Adels im Spätmittelalter?

Einleitung

Nachdem wir im vorigen Teil viel über die Verfasstheit des Hofes und der mittelalterlichen Gesellschaft am Beispiel des Festmahls gelernt haben, werden wir uns im Folgenden dem spätmittelalterlichen Turnier widmen. Ich habe mich hierbei auf die Analyse der Zulassungspraktiken zu Turnieren spezialisiert, da sie uns einen hervorragenden und interessanten Blick darauf gewähren, wer eigentlich zum Adel gehörte und was für Anforderungen vorherrschten, um als adlig zu gelten. Das ist interessant und wichtig für das Verständnis über die Funktionsweisen mittelalterlicher Gesellschaft, weil anhand dieser Auswahlkriterien die Standesgrenzen im Mittelalter sichtbar werden und wie sie sich zum Ende des Mittelalters verschoben oder aufgeweicht haben. Der Adel verlor durch neue Kriegstechniken allmählich an herrschaftlicher Legitimation, da es ja seine vordergründige Aufgabe als „frei und Waffentragende“ war das Volk zu schützen. Man sprach diesbezüglich auch vom „Wehrstand“ und „Nährstand“, also der Adel, der die sie ernährenden Bauern schützte. Mit neuen Kriegstechniken konnten aber nun auch Nicht-Adlige zu den Waffen gerufen werden und daher suchte der Adel neue Legitimationsstränge zur Begründung seiner rechtmäßigen Herrschaft. Das Turnier bot dafür das probateste Mittel, wie im folgenden noch sichtbar werden wird.

Speziell in spätmittelalterlichen Quellen wurden Zulassungsbeschränkungen wie die Ahnenprobe und die Helmschau bei Turnieren immer häufiger erwähnt.

Die Veranstalter der Turniere schienen also ein Interesse daran gehabt zu haben, gewisse Personenkreise von diesem Ereignis fern zu halten.

Dies lief oft nicht ganz reibungslos ab, da sich abgelehnte Herren nur selten mit dieser Regelung zufrieden geben wollten.[36]

Nahmen sie trotz Ablehnung dennoch teil, so drohten ihnen harte Strafen.

Warum also hatten die Veranstalter spätmittelalterlicher Turniere ein Interesse daran bestimmte gesellschaftliche Gruppen vom Turnier auszuschließen? Wie liefen Ahnenprobe und Helmschau genau ab? Welche Bedeutung besaßen sie für das Selbstverständnis des Niederadels?

Diese drei Hauptfragen sollen im Folgenden beantwortet werden.

In der Forschungsliteratur der letzten zwanzig Jahre zum Thema Turnier sind zwar Ahnenprobe und Helmschau thematisiert, jedoch im Allgemeinen recht knapp abgearbeitet.

Schaut man sich hingegen die ausführlichen Darstellungen von Turnierzulassungsregelungen in den einzelnen Turnierbüchern und Turnierordnungen (hier insbesondere bei den Vier Lande Turnieren)[37] oder die Berichte ausländischer Diplomaten über die deutschen Turniere an, so ergibt sich ein unzureichendes Verhältnis von der anscheinenden Bedeutung dieser Regelungen und deren Behandlung in der Forschungsliteratur.

---

[36] W. MEYER, Turniergesellschaften. Bemerkungen zur sozialgeschichtlichen Bedeutung der Turniere im Spätmittelalter in: J. FLECKENSTEIN (Hrsg.), Das ritterliche Turnier im Mittelalter, Göttingen, 1985, S. 511.

[37] Siehe hierzu: G. RÜXNER, Von Anfang, Ursachen, Ursprung und Herkommen der Thurnier im heyligen Römischen Reich Teutscher Nation, erstmalige Veröffentlichung 1530 von H. Rodler in Simmern. Aus: http://ia600406.us.archive.org/7/items/anfangvrsprugund00ruxn/anfangvrsprugund00ruxn.pdf, 15.07.2011, 16:10 Uhr

Werner Paravicini hat als Einer der Wenigen diese Lücke offensichtlich erkannt.

In seinem Werk: „Die ritterlich-höfische Kultur des Mittelalters" gibt er einen recht ausführlich gehaltenen Überblick über Turnierzulassungspraktiken bei den Vier Lande Turnieren.[38]

Generell bietet Paravicini eine gute Einführung in den Themenbereich Turnierwesen. Über Bedeutung, Abläufe, Akteure, Schauplätze bis hin zur Rolle der Herolde, die eine wichtige Position bei der Prüfung der Turnierfähigkeit einnahmen.

Dieser Aspekt der Herolde beim Turnier und ihrer Bedeutung für die Überwachung der Turnierzulassungsregelungen wird ausführlicher bei Joachim Bumke: „Höfische Kultur. Literatur und Gesellschaft im hohen Mittelalter"[39], und Lotte Kurras: „Ritter und Turniere. Ein höfisches Fest in Buchillustrationen des Mittelalters und der frühen Neuzeit"[40] behandelt.

Zur Lage des Niederen Adels im späten Mittelalter empfiehlt sich Barbara Stollberg-Rilingers Werk: „Gut vor Ehre oder Ehre vor Gut?" in der sie die sich wandelnden militärischen und ökonomischen Verhältnisse und deren Bedeutung für den Niederadel darstellt und deutet.[41]

Aufgrund in diesem Werk beschriebenen Schwierigkeiten des spätmittelalterlichen, reichsständischen Adels organisierte sich Dieser in Adelsgesellschaften, die dann unter anderem in der zweiten Hälfte des 15. Jahrhunderts die Vier Lande Turniere veranstalteten und organisierten.

---

[38] W. PARAVICINI, Die ritterlich-höfische Kultur des Mittelalters, München, 1994.

[39] J. BUMKE, Höfische Kultur. Literatur und Gesellschaft im hohen Mittelalter, München, 2008.

[40] L. KURRAS, Ritter und Turniere. Ein höfisches Fest in Buchillustrationen des Mittelalters und der frühen Neuzeit, Stuttgart/Zürich, 1992.

[41] B.STOLLBERG-RILINGER, Gut vor Ehre oder Ehre vor Gut? Zur sozialen Distinktion zwischen Adels- und Kaufmannsstand in der Ständeliteratur der Frühen Neuzeit, in: J.BURKHARDT (Hrsg.), Augsburger Handelshäuser im Wandel des historischen Urteils, Colloquia Augustana (3) Berlin, 1996

Andreas Ranft stellt in seinem Buch: „Adelsgesellschaften" ausführlich Aufbau, Entstehung und Bedeutung dieser Personengruppierungen dar.[42]

Zum Ablauf und Bedeutung der Ahnenprobe und der Helmschau gibt es kein einschlägiges oder spezifisches Werk. In der Fachliteratur zu Turnieren werden sie zwar oft behandelt, jedoch eher in Form einer Randnotiz.
In Josef Fleckensteins Sammelband: „Das ritterliche Turnier im Mittelalter" findet man einige Aufsätze, die sich dem Thema zumindest stärker als sonst widmen.[43]

Am geeignetsten zu diesem Thema sind immer noch die Turnierordnungen selbst, wie man sie Beispielsweise im Turnierbuch des Georg Rüxner findet.[44]

Als Hauptquelle für diese Arbeit soll das Bild einer Helmschau aus dem *Le livre des tournois* von René d´Anjou dienen.
Das Buch wurde in der zweiten Hälfte des 15. Jahrhunderts geschrieben (1451 – 1452) und
befindet sich in der Bibliothéque nationale de France in Paris, MS 2692 – 2696.
Das Bild selbst stammt aus einer edierten Fassung von Edmond Pognon aus dem Jahre 1943, welches ebenfalls in der Bibliothéque nationale de France zu finden ist.[45]

---

[42] A.RANFT, Adelsgesellschaften. Gruppenbildung und Genossenschaft im spätmittelalterlichen Reich. in: E.HOFFMANN et alii (Hrsg.), Kieler Hochschulschriften 38 (1994).
[43] J. FLECKENSTEIN (Hrsg.), Das ritterliche Turnier im Mittelalter, Göttingen, 1985.
[44] Siehe wie 2
[45] Siehe: R. BARBER/ J. BARKER, Tournaments. Jousts, Chivalry and Pageants in the Middle Ages, Woodbridge, 1989, S. 170 – 171. Zum Ori-

ginal: R. D´ANJOU, Le livre des tournois, MS 2692 – 2696, Bibliothéque
nationale de France, Paris.
Das Bild selbst finden wir in einer edierten Fassung: R. D´ANJOU, Traité
de la forme et devis d'un tournoi, ed. E. POGNON (Éditions de la revue
"Verve"), Paris, 1946, MS 2693, S. 47v – 48.

Ausgangsituation des Niederen Adels

Um die Bedeutung der Turnierzulassungsregeln zu verstehen, muss man sich zunächst der politischen und wirtschaftlichen Situation des Niederadels im 14./15. Jahrhundert gewahr werden.
Als bei der Schlacht von Crécy im Jahre 1346 ein ganzes französisches Panzerreiterheer von englischen Langbogenschützen geschlagen wurde, zeigte dies eindeutig, wie sehr sich die militärischen Verhältnisse zu Ungunsten des Rittertums gewandelt hatten.
Ähnlich erging es den habsburgischen Rittern gegen die Schweizer Fußkämpfer bei Sempach (1386).
Die wachsende Bedeutung der Landsknechte im deutschen Raum und neuer technischer Mittel wie der Artillerie ließen den kriegsstrategischen Wert der Ritter in ihren schweren, gepanzerten Rüstungen in ganz Europa enorm sinken.[46]
Mit ritterlicher Kampfesweise schien man kaum noch Schlachten gewinnen zu können.
Damit wurde der niedere Adel aus seiner militärischen Monopolfunktion allmählich vertrieben.
Hinzu kam, dass die Landesherren im 14./15. Jahrhundert versuchten die administrative Erschließung ihres Fürstentums zu forcieren, um somit ihre Herrschaft gegenüber den Landständen auszubauen.
Der Niederadel sollte diszipliniert und gefügig gemacht werden.[47]
Dies geschah unter Anderem mit der Beschneidung des traditionellen ritterlichen Rechtes zur Fehde, welche im ewigen Landfrieden von 1495 ihren Ausdruck fand.

Dies ging einher mit der Entwertung der ökonomischen Kraft des Niederadels durch den Verfall der Grundrenten, Preissteigerungen

---

[46] J. EHLERS, Die Ritter. Geschichte und Kultur, München, 2006, S. 94 – 95.
[47] Ebd., S. 99.

und höhere finanzielle Ansprüche für eine standesgemäße Lebensführung.[48]

Die Feste an den Fürstenhöfen wurden immer prunkvoller und
aufwendiger.
Bei den spätmittelalterlichen Turnieren bedurfte es teurer Turnier-
pferde, ausgesuchter Turnierwaffen, kostbarer Helme, Wappen
und Pferdeschmuck und prachtvoller Übergewänder.[49]
Niedere Adlige konnten es sich kaum noch leisten bei diesen Veranstaltungen standesgemäß aufzutreten.
Des Weiteren gelangte das städtische Patriziat durch Handel und
fiskalischer Souveränität zu immer mehr Vermögen.
Das Rittertum wurde also sowohl von landesherrlicher als auch
von städtischer Seite wirtschaftlich zurückgedrängt.
Es war aufgrund der veränderten militärstrategischen Situationen
nicht mehr das kriegerische Idealbild und es verlor aufgrund der
verschärften Staatlichkeit des Spätmittelalters durch den Landesherren und den immer mächtiger gewordenen Stadtherren sein
Monopol auf autonome Ausübung von Schutz und Gewalt.[50]

Die Reichsritterschaft sah sich gezwungen dieser Krise entgegen zu
wirken.
Dies versuchte sie durch Organisation in Adelsgesellschaften zur
Erhaltung ihrer reichsständischen Souveränität und dem Ausrich-
ten von Turnieren, in denen sie ihren ritterlichen Stand öffentlich
und unmissverständlich kommunizieren konnte.

---

[48] B. STOLLBERG-RILINGER, Gut, S. 33.
[49] W. RÖSENER, Ritterliche Wirtschaftsverhältnisse und Turnier im
sozialen Wandel des Hochmittelalters, in: J. FLECKENSTEIN (Hrsg.),
Das ritterliche Turnier im Mittelalter, Göttingen, 1985, S. 333.
[50] J. FLECKENSTEIN, Nachwort. Ergebnisse und Probleme, in: J. FLE-
CKENSTEIN (Hrsg.), Das ritterliche Turnier im Mittelalter, Göttingen,
1985, S. 642.

Rolle der Adelsgesellschaften

Im 15ten Jahrhundert gab es über 92 Adelsgesellschaften mit jeweils bis zu 200 Mitgliedern.[51]
Das sind über 18.400 Niederadlige, die in solchen Verbindungen organisiert waren.
Das Heilige Römische Reich hatte zu diesem Zeitpunkt eine ungefähre Einwohnerzahl von 8 Millionen Menschen. Davon waren ca. 1% (80.000) adlig, wovon Schätzungsweise rund ein Drittel hochadlig war.
Also war ungefähr jeder dritte Niederadlige in Adelsgesellschaften Mitglied.
Dies zeigt wie enorm wichtig diese Organisationen für das Reichsrittertum gewesen zu sein schienen.
Des Weiteren sind Adelsgesellschaften für diese Arbeit ausschlaggebend, da sie die spätmittelalterlichen Vier Lande Turniere ausrichteten. Daher rühren sämtliche Turnierzulassungsregelungen von diesen Gesellschaften her.
Dabei wird im Folgenden insbesondere das Turnier zu Heidelberg aus dem Jahre 1481 im Vordergrund stehen, da die Ordnung zu diesem Turnier dezidierte Schilderungen zur Turnierfähigkeit enthält.[52]
Dieses Turnier wurde von der Eselsgesellschaft veranstaltet.

Wer Mitglied in einer Adelsgesellschaft werden wollte, der musste zumeist mindestens vier edle Ahnen nachweisen und durfte nicht unebenbürtig verheiratet sein.[53]
Mit dieser Maßnahme wollte man sich vom aufstrebenden Patriziat abgrenzen es zeigt den Exklusivitätscharakter dieser Organisationen.

---

[51] A. RANFT, Adelsgesellschaften, S. 9 – 10.
[52] Siehe hierzu: Heidelberger Turnierordnung in: G. RÜXNER, Anfang, S. 410 - 422
[53] A. RANFT, Adelsgesellschaften, S. 134.

Im Gegensatz dazu durften hohe Adlige, also Fürsten und Grafen, ohne Weiteres Mitglied werden. Sie mussten jedoch die Gesellschaft finanziell unterstützen, insbesondere bei Turnieren.[54]

Zwischen den Mitgliedern galt das Prinzip der sozialen Gleichheit, sie waren genossenschaftlich organisiert.

Dies hatte den Zweck, dass die Angehörigen sich gegenseitig in Kameradschaft verbinden sollten. So entstand ein Bewusstsein füreinander verantwortlich zu sein und sich bei allen möglichen Problemlagen zu helfen.

Damit wollte man auch sein politisches Gewicht gegenüber dem Landesherrn stärken.

Jedes Mitglied musste einen Mitgliedsbeitrag bezahlen, damit sich die Gesellschaft finanzieren konnte, um so auch dem wirtschaftlichen Abstieg entgegen zu wirken.

Für die Turnierteilnahme waren gesonderte Beiträge zu entrichten, um diese weitestgehend finanzieren zu können.[55]

Diese Adelsgesellschaften veranstalteten, wie oben bereits erwähnt, dann auch die Vier Lande Turnier am Ende des 15. Jahrhunderts.

Diese Turniere sollten Ausdruck ihrer ritterlichen Selbstständigkeit und Exklusivität sein, daher legten sie fest, dass nur derjenige am Turnier teilnehmen dürfe, der auch die Bedingungen für eine Mitgliedschaft in einer Adelsgesellschaft erfülle.

Denn nicht mehr durch ruhmreich geschlagene Schlachten, sondern durch Turniere erlangte man nun unsterblichen Ruhm.[56]

Doch nicht nur zum städtischen Patriziat wollte man sich abheben. Die Adelsgesellschaften dienten auch der Emanzipation von der landesherrlichen Macht.

---

[54] Ebd., S. 135.

[55] A. RANFT, Adelsgesellschaften, S. 148

[56] G. MELVILLE, Der Held – in Szene gesetzt. Einige Bilder und Gedanken zu Jacques de Lalaing und seinem Pas d´armes de la Fontaine des Pleurs, in: J.-D. MÜLLER (Hrsg.), Aufführung und Schrift in Mittelalter und Früher Neuzeit, Stuttgart/Weimar, 1996, S. 261.

Durch straffe, genossenschaftliche Organisation der Gesellschaften, wollte man ein möglichst starkes, politisches Gegengewicht schaffen. [57]

Daher erstaunt es nicht, dass sich die Gründung von Adelsgesellschaften in jenen Gebieten forcierte, in denen der Ausbau der Landesherrschaft am stärksten betrieben wurde (Franken, Schwaben, Rheinlande, Hessen).[58]

So zum Beispiel in der Pfalz, wo sich die Eselsgesellschaft (die auch eine wichtige Rolle für die Vier Lande Turniere spielte) gegen die politischen Standpunkte des Pfalzgrafen Hans von Sickingen wehrte.[59]

Abschließend betrachtet waren die Adelsgesellschaften eine Reaktion des Niederadels auf die politische, ökonomische, soziale und finanzielle Krise im 14./15. Jahrhundert.

Durch Eid und genossenschaftliche Organisation wollte man Gleichheit unter den Mitgliedern schaffen und so seinen Stolz zur Zugehörigkeit der Ritterschaft zeigen und ein politisches Gegengewicht zu den Landesfürsten schaffen.

Sie waren damit ein wichtiges Element niederadligen Standesbewusstseins und deren Behauptung und sie prägten den Charakter spätmittelalterlicher Turnierfähigkeit.

---

[57] R. BARBER/ J. BARKER, Tournaments, S. 63.
[58] A. RANFT, Adelsgesellschaften, S. 217.
[59] Ebd., S. 180.

Turnierzulassungsregelungen am Beispiel der Vier Lande Turniere

Im 14./15. Jahrhundert wurde es, vor allem durch den Einfluss der Adelsgesellschaften, üblich, dass nicht jeder am Turnier teilnehmen konnte der dies wollte.

Damit wollte der niedere Adel seine gesellschaftliche Exklusivität bekräftigen und nicht adlige vom Turnier fernhalten.

Die zwei wichtigsten Turnierzulassungsregelungen waren Ahnenprobe und Helmschau.

Für einen Herren, der nicht zum Turnier zugelassen wurde bedeutete diese Abweisung eine Katastrophe. Für ihn selbst und seine ganze Sippe.[60]

So wurden zum Beispiel beim Turnier zu Heidelberg im Jahre 1481 (welches im Wesentlichen von der Eselsgesellschaft organisiert wurde) 90 Kandidaten abgelehnt.[61]

Die Überprüfung der Turnierfähigkeit war also nicht nur eine rein formal-positivistische Angelegenheit, sondern sie führte auch häufig zu soziokulturellen Konflikten und Streitigkeiten, insbesondere zwischen Niederadel und Patriziat.

Denn *es sol auch keiner der in den Stetten geburgert ist/ zum Thurnier zugelassen werden*[62]

Eine klare Maßnahme zur Ausgrenzung wohlhabender Stadtbürger, die durch ihr Vermögen (und damit die Möglichkeit sich die teure Turnierausrüstung zu leisten) versuchten in adlige Kreise aufzusteigen.

In dieser Turnierordnung finden wir auch den Ablauf der Turnierzulassungsvorgänge.

Am Sonntag reiste man an, am Montag wurde *auffgetragen* (hierbei handelte es sich vermutlich um das „zu Blatt" tragen der Teilnehmer und damit auch um die Durchführung der Ahnenprobe, wie

---

[60] W. PARAVICINI, Kultur, S. 80

[61] Ebd., S. 98

[62] Siehe Heidelberger Turnierordnung in: G. RÜXNER, Anfang, S. 422

sie dann auf Seite 421 näher beschrieben wird) und am Dienstag sollte man dann *beschauwen/ und sich bereiten* (also die Helmschau und Helmteilung vollziehen).[63]

Für die Durchführung von Ahnenprobe und Helmschau waren die Herolde verantwortlich.

Diese Bediensteten stammen ursprünglich aus dem fahrenden Volk und betätigten sich bei Turnieren als „kroijiraere" (Ausrufer), die die Teilnehmer anhand ihrer Wappen erkannten und laut ausriefen, was diese bei bisherigen Turnieren für Erfolge und Misserfolge hatten.[64]

Die Herren begannen diese Ausrufer reich zu beschenken, damit sie ihren Ruhm mehrten und ihn über die Turniere hinaus in möglichst viele Landesteile trugen.

Durch die Differenzierung des Wappenwesens bildeten einige dieser Ausrufer besondere Kenntnisse der Wappen und der dahinter stehenden Fürsten aus. Sie konnten also einen Adligen trotz Harnisch und geschlossenen Helm, genau anhand seines Wappens identifizieren.[65]

Daraus entwickelte sich im Spätmittelalter das Amt des Herolds. Durch die Funktion der Zuteilung, Kommunikation und Registratur von Lob und Tadel (und damit auch von Ehre) wuchs das Amt des Herolds zu einem zentralen Element ritterlichen Selbstverständnisses heran. [66]

Sie waren damit Experten und Beurteiler ritterlicher Taten.[67]

Ruhm, Tapferkeit und Ehre mussten eben nicht nur gelebt, sondern auch kommuniziert werden, damit möglichst viele Menschen

---

[63] Ebd., S. 410

[64] J. BUMKE, Kultur, S. 369

[65] T. HILTMANN, U. ISRAEL, Laissez-les aller. Die Herolde und das Ende des Gerichtskampfs in Frankreich, in: Francia, 38 (2010), S. 70

[66] Ebd., S. 74

[67] G. MELVILLE, … et en tel estat le roy Charles lui assist la couronne sur le chief. Zur Krönung des französischen Wappenkönigs im Spätmittelalter, in: M. STEINECKE und S. WEINFURTER, Investitur- und Krönungsrituale. Herrschaftseinsetzungen im kulturellen Vergleich, Köln/Weimar/Wien, 2005, S. 141

von den Taten der Ritter erfuhren. Nur so konnte der niedere Adel seine außerordentliche Stellung in der mittelalterlichen Gesellschaft legitimieren und festigen.

Daher kam den Herolden auch die Prüfung der Turnierfähigkeit zu.

Bei dem oben erwähnten Turnier zu Heidelberg handelte es sich um Herolde, die von der Eselsgesellschaft, aus Mitgliedsbeiträgen bezahlt, angestellt wurden. Sie standen also in dem Fall nicht für nur einen Herren, sondern handelten im Auftrag einer ganzen Adelsgesellschaft.

Ahnenprobe

Bevor es überhaupt zur Prüfung der Ahnen kam, galten generelle
Ausschlusskriterien für bestimmte Personenkreise von vornherein.
Diese waren: Verräter, Fahnenflüchtige, Meineidige, Siegelfälscher,
Ketzer, Revolutionäre, Mörder, Straßenräuber, Kirchenschänder,
Verleumder, Verbrecher gegen die Frauenehre, in wilder Ehe Le-
bende, unstandesgemäß Verheiratete, Stadtbürger und Handelstäti-
ge.[68]
Es sollten also all jene vom Turnier ferngehalten werden, die nicht
dem ritterlichen Ideal entsprachen und nicht nach ritterlichen
Tugenden lebten.
Interessant hierbei ist, dass Stadtbürger und Händler in einem
Atemzug mit Schwerstverbrechern genannt wurden.
Ein Ausdruck des Niederadels, wie empört er über die Versuche
des städtischen Patriziats war, in die Sphäre des Adels aufzusteigen.
Die Ahnenprobe stellte den formalen Teil der Turnierfähigkeits-
überprüfung dar, während die Helmschau eher den symbolischen
Part einnahm.
Wie wir der schon öfter erwähnten Heidelberger Turnierordnung
von 1481 entnehmen können, bedurfte es *vier Annen Vatter und
Mutter edel Wapensgnoß/ und ehrlich herkommen.*[69]
So wie es auch bei der Aufnahme in Domstiften üblich war.[70]
Des Weiteren musste *er oder seine voreltern seines stammes hiervor in den
vier Landen/ einer oder mehr gethurniert haben und zugelassen seyn.*
War der Turnierbewerber jedoch neu bei einem Turnier, so sollte
er *mit zweyen oder dreyen redlichen Thurnierßgnossen/ der Namen und
Stam[m]en getheilt und gethurniert hetten/ wissentlich beybringen* [...].[71]

---

68 O. GAMBER, Ritterspiel und Turnierrüstung im Spätmittelalter, in: J.
FLECKENSTEIN (Hrsg.), Das ritterliche Turnier im Mittelalter, Göttingen, 1985, S. 521
69 G. RÜXNER, Anfang, S. 421
70 HEROLD, Handbuch der Heraldik, Hamburg, 2007, S. 150
71 Ebd.

Der Bewerber musste also vier adlige Ahnen im cognatischen und agnatischen Teil seines Geschlechts nachweisen und den Erweis erbringen, dass er oder seine Eltern in den letzten 50 Jahren an Turnieren teilgenommen hatten.

Nahm er zum ersten Mal an einem Turnier teil, so mussten wenigstens zwei Turnierfähige für seine edle Abstammung bürgen.

Hier wird deutlich, wie sehr sich der Niederadel von nicht-adligen Kräften im Reich in seiner besonderen sozialen Stellung bedroht fühlte. Diese Regelungen stellten eine weitere klare Abgrenzung zum Patriziat dar.

Helmschau

Nachdem der rein „rechtliche" Teil der Überprüfung der Turnierfähigkeit mit der Ahnenprobe abgeschlossen war, ging man am Tag darauf zum überwiegend symbolischen und damit auch zu einem sehr bedeutenden Akt über: der Helmschau.

Auf dem Bild zur Helmschau aus dem Turnierbuch des René d´Anjou sehen wir einen großen Raum, in dessen Mitte wir einen viereckigen Bereich finden, der mit Säulen geschmückt ist.

Zwischen diesen Säulen sind eine Vielzahl an Helmen und Fahnen aufgestellt.

Die Helme sind mit Helmdecken und unterschiedlichen Helmzierden geschmückt.

Von rechts beschaut eine Gruppe von Damen, von links eine Gruppe von Herren die Helme.

Im Bereich selbst stehen weitere Herren und halten die Fahnen bzw. schauen zu den Damen und Herren.

Im Vordergrund, in der Bildmitte, sehen wir vier Herren, in langen Mänteln gekleidet. Wahrscheinlich handelt es sich hierbei um Turnierrichter. Der Linke von ihnen deutet mit einem Stab auf einen Helm, der am Boden liegt. Vermutlich hat er ihn gerade heruntergestoßen.

Ein anderer Mann in einem Hermelin-Tappert beugt sich zu dem
Helm mit ausgestreckten Armen hinunter. Womöglich handelt es
sich hier um einen Herold des Königs René.
Sein in Hermelin gehaltener Tappert könnte auf einen hochadligen
Herrn schließen lassen. Hermelin finden wir unter Anderem als
Zier bei Königsmänteln und bei heraldischen Gestaltungen war
dieses Muster allseits beliebt.[72]
Es könnte gut sein, dass René d´Anjou zu diesem Turnier die
Verwendung des Hermelin für sein Wappen beanspruchte.
Zumal es üblich war, dass die Herolde des Turnierveranstalters die
Richter und Damen bei der Helmschau berieten.[73]
Dieses Bild entstand in der Mitte des 15. Jahrhunderts und befin-
det sich damit in enger zeitlicher Nähe zu den Vier Lande Turnie-
ren. Wir können also davon ausgehen, dass beim Heidelberger
Turnier von 1481 die Helmschau ganz ähnlich abgelaufen und dass
die Helmschau bereits länger üblich gewesen sein musste.
Die hier dargestellte Szene passt außerdem inhaltlich zu der Hei-
delberger Turnierordnung.

Die Helmschau fand meist am Tag nach der Ahnenprobe statt. Die
übrig gebliebenen Bewerber brachten ihre Helme in einen Saal (meistens in einen Klosterkreuzgang) und stellten sie dort auf. [74]
Aus einem spanischen Bericht über das Turnier in Schaffhausen
1436 wissen wir, dass Damen, Ältere und Herolde dann die Helme
beschauten.[75]

---

[72] G. OSWALD, Lexikon der Heraldik, Regenstauf, 2006, S. 194
[73] H. KRUSE, Herolde, in: W. PARAVICINI (Hrsg.), Höfe und Residenzen im spätmittelalterlichen Reich. Bilder und Begriffe, Teilband 1, Begriffe, Göttingen, 2005, S.315
[74] O. GAMBER, Ritterspiel, S. 520
[75] K. STEHLIN, Ein spanischer Bericht über ein Turnier in Schaffhausen
im Jahr 1436, ed. A. PAZ Y MELIA (Revista de Archivs, Bibliotecas y
Museos), Madrid, 1903, No. 11, S. 292 ff. Das Original ist nicht auffindbar, jedoch entstand eine zeitnahe Abschrift. Der vorliegende Text ist der
Basler Zeitschrift für Geschichte und Altertum (14, 1) entnommen, S. 145
– 176, hier S. 162

Da sich diese Beschreibung mit der vorliegenden Bildquelle nahezu lückenlos deckt, kann man davon ausgehen, dass dieser Ablauf typisch für die Helmschau im 15. Jahrhundert war und dass es auch beim Heidelberger Turnier so von Statten gegangen sein könnte. In dieser Turnierordnung ist nämlich nicht erwähnt, wer die Helmschau durchführte.

Die Damen und Herren schauten nun (unter Beratung der Herolde), ob sie gegen einen der hier durch Helme repräsentierten Herren Klage zu führen hatten oder ob jemand dabei war, der nicht am Turnier teilnehmen durfte (der also trotz nicht bestandener Ahnenprobe seinen Helm aufgestellt hatte).[76]
Denn ein Helm stand mit seiner ganz individuellen Helmzier unmissverständlich für einen ganz bestimmten Herrn bzw. für ein ganz bestimmtes Geschlecht.[77]
Jeder Adlige trug im Spätmittelalter ein Wappen, welches ihn ganz persönlich repräsentierte. Dies war derart ausgestaltet, dass ein Wappen anstatt der Trägerperson stellvertretend erscheinen konnte. Die heraldische Bemalung des Wappenschildes und der Schildfarben fanden sich auf den Helmzierden bei den Turnieren wieder.[78]
So konnte man aufgrund der Helme und Helmzierden den Träger des Wappens und damit eine bestimmte Person identifizieren. Deswegen kam an dieser Stelle auch den Herolden eine so gewichtige Rolle zu. Sie kannten sich wie kaum ein Anderer im Wappenwesen aus. Auch wenn sie nicht das letzte Urteil über die Turnierfähigkeit eines Adligen aufgrund ihrer eigenen nicht-adligen Stellung gesprochen haben mögen, so war ihr Rat dennoch ausschlaggebend für das Urteil der Richter und Damen.

---

[76] Ebd.
[77] W. PARAVICINI, Kultur, S. 91
[78] L. FENSKE, Adel und Rittertum im Spiegel früher heraldischer Formen und deren Entwicklung, in: J. FLECKENSTEIN (Hrsg.), Das ritterliche Turnier im Mittelalter, Göttingen, 1985, S. 151

Die Frauen suchten dabei eher nach Adligen, die sich gegenüber einer Dame unehrenhaft verhalten hatten. Das Minneelement spielt also eine wichtige Rolle bei spätmittelalterlichen Turnieren, während die Herren und Richter eher nach Personen suchten, die sich generell nicht ritterlich verhalten hatten, oder trotz nicht bestandener Ahnenprobe ihren Helm aufgestellt hatten.

Fand man einen Kandidaten, der in eines oder mehrere dieser Ausschlusskriterien fiel, so stieß ein Richter oder Herold den Helm, der diesem Herrn gehörte, von seiner Halterung hinunter. Anschließend wurde der Helm von einem Herold durch den Schmutz gezogen.

Genau diese Szene ist auf dem Bild im Turnierbuch des René d´Anjou zu sehen. In dem Falle stößt ein Richter den Helm hinunter und ein Herold greift nach ihm, um ihn womöglich durch den Schmutz zu ziehen und ihn dann aus dem Raum zu entfernen. Mit diesem symbolischen Akt war der Bewerber, dem dieser Helm gehörte vom Turnier ausgeschlossen.

In der Heidelberger Turnierordnung ist weiterhin geregelt, dass dieser Kandidat, sollte er dennoch zum Kampfe antreten, von Stangenknechten verprügelt werden sollte und nie wieder bei einem Turnier teilnehmen dürfe und dass seine Sippe auf immer die Turnierfähigkeit verloren hätte.[79]

Dies stellte eine große Schmach für den Abgelehnten dar, denn ihm wurde damit das Recht aberkannt einer privilegierten, ritterlichen Schicht anzugehören.

Nach der Helmschau erfolgte die Helmteilung. Die Teilnehmer wurden in verschiedene Turniermannschaften aufgeteilt, die dann gegeneinander kämpften. Hierzu wurden beim Heidelberger Turnier die Helme zu Gruppen unter dem jeweiligen Banner der Adelsgesellschaften zusammengestellt.

---

[79] G. RÜXNER, Anfang, S. 421

Die Gesellschaften legten in ihren Statuten fest, dass kein Geselle gegen den Willen der Kampfgenossen einer anderen Turniermannschaft zugewiesen werden durfte.[80]

Damit wollten sie ihre genossenschaftliche Verbindung untereinander zur Schau stellen und
Stärke durch Gemeinschaft demonstrieren.

Mit dem hoch symbolisch aufgeladenen Akt der Helmschau, wie es uns das Bild im Turnierbuch René d´Anjous zeigt, setzte der Niederadel bei den Vier Lande Turnieren ein klares Zeichen der Abgrenzung zu nicht-adligen Ständen.

Er wollte damit zeigen, dass er zu einer privilegierten Schicht gehörte und dass es um Ritter zu sein, einer edlen Herkunft bedurfte und nicht nur Geld.

Nur Ritter durften im Turnier durch ihre Taten Ruhm und Ehre erwerben.

Mit dem Herunterstoßen des Helmes wurde ein Akt vollzogen, der einerseits den Herrn, der hinter dem Helm stand, sozial abwertete und weiterhin dessen Recht ein adliges Wappen zu führen aberkannte. Auf Bildzeugnissen über Helmschauen (so auch das zu den Vier Lande Turnieren von Conrad Grünenberg) werden stets Bügelhelme dargestellt.[81]

Diese Helmgattung war dem Adel vorbehalten, Nicht-Adlige durften lediglich Stechhelme für ihre Wappen benutzen.[82]

So wurde allein am Hinunter hauen des Helmes ständische Hierarchie durch heraldische Symbolik kommuniziert und auch geschaffen.

Genau diese Funktion machte sich der Niederadel gegenüber dem Patriziat zu Nutze.

---

[80] A. RANFT, Adelsgesellschaften, S. 165
[81] Siehe G. OSWALD, Lexikon, S. 191
[82] HEROLD, Handbuch, S. 79

Fazit

Der Niederadel befand sich seit dem Ausklang des 14. Jahrhunderts in einer wirtschaftlichen, sozialen und militärischen Krise.
Die veränderte Kriegsführung durch neuartige Maschinen, der Bedeutung einfacher Fußtruppen und dem strategischen Wert von Bogenschützen machten schwer gepanzerte Ritter eher zu einem Sicherheitsrisiko als zu einem Sieg entscheidenden Faktor.
Durch den Verfall der Grundrenten, der immer teurer werdenden Feste und dem wirtschaftlich aufstrebenden Stadtpatriziat verlor der Niederadel zusätzlich immer mehr seine ökonomische Machtbasis.
Hinzu kam, dass die Landesherren versuchten ihre Gebiete administrativ stärker zu erschließen und die Landstände politisch zurückzudrängen.
Die niedrigen Adligen sahen sich also sowohl ihres Monopols zur Ausübung legitimer Gewalt von Seiten der Landesfürsten und des Patriziats als auch ihres ökonomischen Kapitals beraut. Zusätzlich galten ritterliche Tugenden, wie Ruhm und Ehre auf den Schlachtfeldern so gut wie nichts mehr.
Der niedere Adel lief Gefahr die Legitimation seiner gehobenen, gesellschaftlichen Stellung zu verlieren.
Dieser Krise wirkte er auf zweierlei Arten entgegen.
Zum Einen organisierte er sich in Adelsgesellschaften.
Die Mitglieder waren hier durch Eid genossenschaftlich miteinander verbunden und verpflichteten sich zu gegenseitiger Hilfe.
Diese Form der Organisation erlaubte es ihnen ein politisches Gegengewicht zu den Landesherren zu bilden.
Durch den Einzug von Mitgliedsbeiträgen bewahrten sie sich zusätzlich ein Mindestmaß an wirtschaftlicher Unabhängigkeit.
Zum Anderen organisierten sie Turniere, hier sind insbesondere die Vier Lande Turniere bekannt geworden, auch deswegen, weil sie sehr gut und detailreich überliefert sind.

Allein diese gute Überlieferungslage sagt aus, wieviel Bedeutung der Niederadel diesen Turnieren zugemessen haben muss.

Denn Turniere zählten damals zum höfischen Alltag. Sie wurden eben nur dann genau in den Quellen beschrieben, wenn sie besonders wichtig waren.[83]

Auf dem Schlachtfeld konnte der Niederadel keinen Ruhm mehr ernten und keine Ehre gewinnen.

Daher musste nun das Turnier als die veridealisierte Form ritterlichen Kampfes den Krieg ersetzen.

In den Turnieren konnte der niedere Adel durch das öffentliche zur Schau stellen von Ehre, Mut und Tapferkeit, seine Zugehörigkeit zu einer exklusiven, sozialen Schicht kommunizieren.

Des Weiteren eignete sich das Turnier als Gegenstück zum immer teurer werdenden Fest des Hochadels.

Die Vier Lande Turniere kulminierten also zu einer Art fiktiven Ersatzhof für den Niederadel, wo sie ihren finanziellen Möglichkeiten entsprechend festlegen konnten, wie teuer dieser sein dürften.

Damit ermöglichte man es auch ärmeren Ritterfamilien am Turnier und damit an adliger Lebensweise teilzunehmen.

In diesem Zusammenhang spielte die Turnierfähigkeit eine zentrale Rolle!

Durch den zu erbringenden Nachweis von mindestens vier edlen Ahnen setzte man sich der inflationären Aushöhlung der Ritterwürde durch das aufstrebende Patriziat zur Wehr.[84]

Das hier vorliegende Exklusivitätsbestreben wirkt den Versuchen durch Geld und Handel sozial aufgestiegenen Stadtbürgern und Kaufleuten entgegen, die sich aufgrund ihres Vermögens in den adligen Stand einkaufen wollten.

Die edle Geburt, nicht das Geld sollte bei den Turnieren ausschlaggebend sein, auch wenn dies nicht immer konsequent befolgt wurde und die Übergänge zum Niederadel in vielen Fällen sicher fließend waren.

---

83 W. PARAVICINI, Kultur, S. 96
84 M. WERNER, Turniergesellschaften, S. 504

Mit der anschließenden Helmschau setzte der Adel dann ein eindeutiges, öffentliches Zeichen gegen jegliche Versuche sich als nicht-Adliger am Turnier und damit an adliger Lebensweise zu beteiligen.

Das Herunterstoßen des Helmes eines unwürdigen Kandidaten durch Herolde bzw. Turnierrichter definierte und schuf ständische Hierarchie.

Der Abgelehnte wurde als nicht würdig befunden durch althergebrachte ritterliche Weise (nämlich im Kampf) Ruhm und Ehre zu erlangen, wie es nur dem Rittertum allein vorbehalten war.

Im Turnier wollte der Niederadel seine Vorstellungen von kriegerischer Fairness, Standesehre und ritterlichem Heldentum verwirklichen und einen Beweis von Tapferkeit, Ehrlichkeit und Edelmut erbringen.[85]

Also all jene Tugenden und Selbstverständlichkeiten, die ihn durch seine kriegsstrategische Entwertung verloren gingen.

Das Turnier wurde zum Ersatzkrieg.

Die Helme spielten dabei eine wichtige Rolle. Sie standen individuell für einen ganz bestimmten Herrn. Dies diente auch dazu, den Ruhm, den der Herr beim Kämpfen im Turnier erlangt hatte, unmissverständlich ihm allein zuzuordnen und ihn von seinen Kontrahenten zu unterscheiden.

Genauso aber konnte man einen Herrn, von dem man wusste, dass er nicht adlig war oder sich gegen die Ehre einer Dame vergangen hatte, an seiner speziellen Helmzier eindeutig identifizieren und somit durch einen symbolischen Akt, dem Herunterstoßen seines Helmes, faktisch vom Turnier ausschließen

In Ahnenprobe und Helmschau manifestiert sich das ganze soziokulturelle Selbstverständnis des Niederadels im Spätmittelalter. Sie sind Ausdruck der Bemühungen der Krise des Niederadels im 15. Jahrhundert Herr zu werden. Ihre ständische Souveränität zu wahren, Rang und Ansehen zu vermitteln, ihre gehobene soziale Stellung zu legitimieren, ihre Privilegien zu erhalten und durch zur

---

85 Ebd.

Schau Stellung von ritterlichen Tugenden wie Ruhm und Ehre ihre rechtmäßige Herrschaft zu kommunizieren und ihr Monopol auf legitime Ausübung physischer und politischer Gewalt zu manifestieren.

Anhang

Literaturverzeichnis

R. BARBER/ J. BARKER, Tournaments. Jousts, Chivalry and Pageants in the Middle Ages, Woodbridge, 1989.

J. BUMKE, Höfische Kultur. Literatur und Gesellschaft im hohen Mittelalter, München, 2008.

J. EHLERS, Die Ritter. Geschichte und Kultur, München, 2006.

L. FENSKE, Adel und Rittertum im Spiegel früher heraldischer Formen und deren Entwicklung, in: J. FLECKENSTEIN (Hrsg.), Das ritterliche Turnier im Mittelalter, Göttingen, 1985.

J. FLECKENSTEIN (Hrsg.), Das ritterliche Turnier im Mittelalter, Göttingen, 1985.

J. FLECKENSTEIN, Nachwort. Ergebnisse und Probleme, in: J. FLECKENSTEIN (Hrsg.), Das ritterliche Turnier im Mittelalter, Göttingen, 1985.

O. GAMBER, Ritterspiel und Turnierrüstung im Spätmittelalter, in: J. FLECKENSTEIN (Hrsg.), Das ritterliche Turnier im Mittelalter, Göttingen, 1985.

HEROLD, Handbuch der Heraldik, Hamburg, 2007.

H. KRUSE, Herolde, in: W. PARAVICINI (Hrsg.), Höfe und Residenzen im spätmittelalterlichen Reich. Bilder und Begriffe, Teilband 1, Begriffe, Göttingen, 2005, S.311 - 318

L. KURRAS, Ritter und Turniere. Ein höfisches Fest in Buchillustrationen des Mittelalters und der frühen Neuzeit, Stuttgart/Zürich,
1992.

G. MELVILLE, ... et en tel estat le roy Charles lui assist la
couronne sur le chief. Zur Krönung des französischen Wappenkönigs im Spätmittelalter, in: M. STEINECKE und S. WEINFUR-
TER, Investitur- und Krönungsrituale. Herrschaftseinsetzungen im
kulturellen Vergleich, Köln/Weimar/Wien, 2005, S. 137 - 161

G. MELVILLE, Der Held – in Szene gesetzt. Einige Bilder und
Gedanken zu Jacques de Lalaing und seinem Pas d´armes de la
Fontaine des Pleurs, in: J.-D. MÜLLER (Hrsg.), Aufführung und
Schrift in Mittelalter und Früher Neuzeit, Stuttgart/Weimar, 1996,
S. 253 - 286

W. MEYER, Turniergesellschaften. Bemerkungen zur sozialge-
schichtlichen Bedeutung der Turniere im Spätmittelalter in: J.
FLECKENSTEIN (Hrsg.), Das ritterliche Turnier im Mittelalter,
Göttingen, 1985.

W. PARAVICINI, Die ritterlich-höfische Kultur des Mittelalters,
München, 1994.

A.RANFT, Adelsgesellschaften. Gruppenbildung und Genossenschaft im spätmittelalterlichen Reich. in: E.HOFFMANN et alii
(Hrsg.), Kieler Hochschulschriften 38 (1994).

W. RÖSENER, Ritterliche Wirtschaftsverhältnisse und Turnier im
sozialen Wandel des Hochmittelalters, in: J. FLECKENSTEIN
(Hrsg.), Das ritterliche Turnier im Mittelalter, Göttingen, 1985.

B.STOLLBERG-RILINGER, Gut vor Ehre oder Ehre vor Gut?
Zur sozialen Distinktion zwischen Adels- und Kaufmannsstand in

der Ständeliteratur der Frühen Neuzeit, in: J.BURKHARDT
(Hrsg.), Augsburger Handelshäuser im Wandel des historischen
Urteils, Colloquia Augustana (3) Berlin, 1996

T. HILTMANN, U. ISRAEL, Laissez-les aller. Die Herolde und
das Ende des Gerichtskampfs in Frankreich, in: Francia, 38 (2010),
S. 65 – 85.

Quellenverzeichnis

R. D´ANJOU, Le livre des tournois, MS 2692 – 2696, Biblio-théque nationale de France, Paris. Das Bild selbst finden wir in einer edierten Fassung: R. D´ANJOU, Traité de la forme et devis d'un tournoi, ed. E. POGNON (Éditions de la revue "Verve"), Paris, 1946, MS 2693, S. 47v – 48.

Heidelberger Turnierordnung in: G. RÜXNER, Von Anfang, Ursachen, Ursprung und Herkommen der Thurnier im heyligen Römischen Reich Teutscher Nation, erstmalige Veröffentlichung 1530 von H. Rodler in Simmern, aus: http://ia600406.us.archive.org/7/items/anfangvrsprugund00ruxn /anfangvrsprugund00ruxn.pdf, 15.07.2011, 16:10 Uhr, S. 409 – 433.

K. STEHLIN, Ein spanischer Bericht über ein Turnier in Schaff-hausen im Jahr 1436, ed. A. PAZ Y MELIA (Revista de Archivs, Bibliotecas y Museos), Madrid, 1903, No. 11, S. 292 ff. Das Origi-nal ist nicht auffindbar, jedoch entstand eine zeitnahe Abschrift. Der vorliegende Text ist der Basler Zeitschrift für Geschichte und Altertum (14, 1) entnommen, S. 145 – 176,

G. RÜXNER, Von Anfang, Ursachen, Ursprung und Herkommen der Thurnier im heyligen Römischen Reich Teutscher Nation, erstmalige Veröffentlichung 1530 von H. Rodler in Simmern. Aus: http://ia600406.us.archive.org/7/items/anfangvrsprugund00ruxn /anfangvrsprugund00ruxn.pdf, 15.07.2011, 16:10 Uhr

4 Wer bzw. was waren eigentlich Herolde?

Einleitung

Kaiser Maximilian I. (1459 – 1519)[86] gab Anfang des 16. Jahrhunderts eine Schrift in Auftrag, die über seine im Jahre 1478 unternommene Hochzeitsreise nach Burgund erzählen sollte.
1517 erschien die erste erhaltene Ausgabe des *Tewrdannckhs* (Theuerdank). In diesem Werk erlebt der Ritter Theuerdank (als Synonym für Kaiser Maximilian) auf der Reise zu seiner künftigen Gemahlin 80 Abenteuer und Gefahren, die der als tapfer und ehrenhaft dargestellte Ritter zwar nicht ohne Schwierigkeiten aber dennoch heldenhaft besteht. Beim Studium dieses Werkes fällt Eines sofort auf: Nahezu auf jedem der 118 kolorierten Holzschnitte findet man neben dem Helden Theuerdank stets einen Mann, der mit einem roten Überwurf (Tappert) bekleidet ist, welcher ein weißes Wappen in Form eines Rades zeigt, und einen Stab in der rechten Hand hält. Es handelt sich bei dieser Person um den Herold (*Ernhold*) des Helden, der die für sein Amt typischen Attribute (Stab und Überwurf mit Wappen seines Herrn) trägt.[87] Da stellen sich dem Historiker die Fragen: Wer ist dieser ständige Begleiter des Theuerdank? Was für eine Funktion übt er aus? Was soll er darstellen? Wofür steht er? In welcher Beziehung steht er zu dem Helden des Werkes und seinen Taten? Warum legte Maximilian I.

---

[86] M. HOLLEGGER, Maximilian I. (1459 – 1519). Herrscher und Mensch einer Zeitenwende, Stuttgart, 2005, S. 15.
[87] Vgl. hierzu: MAXIMILIAN (Römisch Deutsches Reich, Kaiser, I.)/ M. Pfintzing/H. Schäufelein, Die geuerlichheiten vnd einsteils der geschichten des loblichen streytparen vnd hochberümbten helds und ritters herr Tewrdannckhs, Nürnberg 1517, Rar. 325a, urn:nbn:de:bvb:12-bsb00013106-2, VD16 M 1649, S. 46 – 594.

als Auftraggeber dieser Schrift solchen Wert auf die ständige Anwesenheit dieses Herolds? Welche Schlüsse kann man daraus auf ihre Bedeutung für den Kaiser und die höfische Gesellschaft im Spätmittelalter ziehen? Genau diesen Fragen möchte die folgende Bachelor-Arbeit nachgehen. Wir sehen allein an der Quantität mit der der Herold im Theuerdank auftritt, dass er eine herausragende Rolle in der Welt des Hochadels zu haben schien, dennoch wurde dem Thema „Herolde" in der historischen Forschung bis jetzt keine größere Beachtung geschenkt, was unter anderem daran liegt, dass man Herolde oft nur auf ihre heraldische Tätigkeit begrenzte und ihnen über die Wappenkunde hinaus kaum Bedeutung zumaß, sodass lediglich die Heraldiker sich intensiv mit ihnen beschäftigten, was wiederum bei einigen Historikern dazu beitrug, Herolde tatsächlich nur als mittelalterliche Heraldiker abzutun. Erst in den letzten Jahren ist ein Umdenken in der Forschung geschehen. Einer der ersten Historiker, die diesen Richtungswechsel anstießen war Werner Paravicini. Er weist in seinem Werk „Die ritterlich-höfische Kultur des Mittelalters" explizit auf die Bedeutung der Herolde für den Adel, ihre soziale Herkunft sowie deren Aufgaben bei Turnieren hin und mahnt an, dass zu diesem Thema aufgrund seiner enormen Bedeutung dringender Forschungsbedarf bestünde.[88]

Gert Melville hat Aufsätze und Abhandlungen über Herolde verfasst, jedoch mit klarem Schwerpunkt auf den burgundisch-französischen Raum.[89]

---

[88] W. PARAVICINI, Die ritterlich-höfische Kultur des Mittelalters, München, 2011, S. 79 – 84.

[89] Vgl. hierzu: G.MELVILLE, Un bel office, in: P. Moraw (Hrsg.), Deutscher Königshof, Hoftag und Reichstag im späteren Mittelalter, Stuttgart, 2002.
G. MELVILLE, Der Held – in Szene gesetzt. Einige Bilder und Gedanken zu Jacques de Lalaing und seinem Pas d´armes de la Fontaine des Pleurs, in: J.-D. MÜLLER (Hrsg.), Aufführung und Schrift in Mittelalter und Früher Neuzeit, Stuttgart, Weimar, 1996.
G. MELVILLE, …et en tel estat le roy Charles lui assist la couronne sur le chief. Zur Krönung des französischen Wappenkönigs im Spätmittelalter, in: M. STEINICKE und S. WEINFURTER, Investitur- und Krönungsri-

Melville beleuchtet meistens pro Artikel eine besondere Aufgabe oder ein besonderes Merkmal der französischen Herolde. Diese Aufgaben reichten von ihren richterähnlichen Tätigkeiten bei der Austragung von Zweikämpfen, über die Heroldshierarchie- und Ausbildung bis hin zur Publizierung ehrenvoller Taten ihrer Herren. Ein umfassendes und grundlegendes Werk von Melville, welches diese vielen Ansätze, Gedanken und Erkenntnisse vertieft und zusammenfassend interpretiert fehlt leider bis heute.

In seiner gerade erst erschienen Dissertation befasst sich Thorsten Hiltmann mit den Heroldskompendien.[90] Die Gradierungsschrift beschäftigt sich mit den schriftlichen Hinterlassenschaften der französischen Herolde und versucht anhand der Kompendien Selbstverständnis und Wesen des Amtes der Herolde verständlich zu machen. Damit erschien zum ersten Mal eine umfangreiche Arbeit zu dieser Thematik. In einem kleineren Artikel in Zusammenarbeit mit Uwe Israel wird das Wirken der Herolde bei den französischen Gerichtskämpfen analysiert und es werden grundlegende Aufgaben und Funktionen der Herolde erwähnt, wie ihre Rolle bei Zeremonien, ihre diplomatischen Tätigkeiten und ihre Aufgaben bei Turnieren (hier insbesondere bei Ahnenprobe und Helmschau).[91]

---

tuale. Herrschaftseinsetzungen im kulturellen Vergleich, Köln, Weimar, Wien, 2005.

G. MELVILLE, Der Brief des Wappenkönigs Calabre. Sieben Auskünfte über Amt, Aufgaben und Selbstverständnis spätmittelalterlicher Herolde, in: Majestas 3, 1995, S. 69 – 116.

G. MELVILLE, Geschichte im Diskurs. Zur Auseinandersetzung zwischen Herolden über die Frage: Qui est le royaume chrestien qui plus est digne d´estre approuché d´Onneur?, Sonderdruck, Bonn, 1998, S. 243 – 262.

[90] T. HILTMANN, Spätmittelalterliche Heroldskompendien. Referenzen adeliger Wissenskultur in Zeiten gesellschaftlichen Wandels, München, 2011.

[91] T. HILTMANN/ U.ISRAEL, Laissez-les aller. Die Herolde und das Ende des Gerichtskampfs in Frankreich, in Francia, 38 (2010), S.65 – 84.

Bezüglich der gerichtlichen Zweikämpfe weisen die Autoren auf die richterliche Gewalt und Kompetenz des Herolds, zumindest was den französischen Raum angeht, hin.

Während sich die historische Forschung allmählich der Bedeutungsdimension der französischen und englischen Herolde bewusst wird, fehlt eine solche Analyse in einem vergleichbaren Umfang für den deutschen Raum nahezu gänzlich. Lediglich Nils Bock hat sich mit dieser Thematik in seinen beiden Artikeln: „Herolde im Reich des späten Mittelalters. Forschungsstand und Perspektiven" und „Öffentlicher Repräsentant – Repräsentant der Öffentlichkeit. Das Medium Herold in der ersten Hälfte des 16. Jahrhunderts" eingehender beschäftigt.[92]

Es ist ein Versuch einer grundlegenden Aufarbeitung der Rolle der Herolde im deutschen Raum, angefangen von ihrer Herkunft, über die Kleidung und Ernennung bis hin zu ihren Aufgaben und deren Bedeutung für den Adel und die Öffentlichkeit. Dieses Vorgehen hat sich auch Holger Kruse in seinem Aufsatz „Herolde", der im zweiten Band der Höfe und Residenzenforschung erschienen ist, zum Vorbild genommen. Er erläutert in einer knappen, überblickartigen Weise alle Kernelemente des Heroldwesens, angefangen bei der sozialen Herkunft, über Ausbildung und Aufgaben bis hin zur Bedeutung. Dieser Artikel stellt damit einen guten Einstieg in das Thema dar.

Doch gab es auch schon ältere Vorarbeiten wie zum Beispiel das Buch „Die diplomatischen Funktionen der Herolde im späten Mittelalter" von Lutz Roemheld (1964). Er konzentrierte sich in diesem Werk auf die Rolle der Herolde bei Verhandlungen, beim Abschließen von Verträgen und dem Übermitteln von Nachrichten auf dem Schlachtfeld sowie diplomatischen Verhandlungen zwi-

---

[92] N. BOCK, Öffentlicher Repräsentant – Repräsentant der Öffentlichkeit. Das Medium Herold in der ersten Hälfte des 16. Jahrhunderts, in: Diskurs 2, 2008, S. 142-155.
N. BOCK, Herolde im Reich des späten Mittelalters. Forschungsstand und Perspektiven, in: Francia, 37 (2010), S. 259 – 283.

schen Fürsten.[93] Es ist eines der ersten Werke, das die Herolde
nicht als reine Heraldiker eingrenzt, jedoch auch keine umfassende
Abhandlung zum Wesen der Herolde bietet, da die diplomatischen
Funktionen nur einen Teil ihrer Aufgaben bildeten.

In der übrigen Literatur werden Herolde eher nebenbei in Sam-
melbänden und Büchern behandelt, die sich vorrangig mit dem
spätmittelalterlichen Turnierwesen beschäftigen. Ein umfassendes
Werk, das sich mit der soziokulturellen Bedeutung der Herolde für
den Adel im deutschen Raum befasst, fehlt bis jetzt völlig und
muss als Desiderat zum Verständnis der höfisch-ritterlichen Kultur, des Hofes und der Verfassungsgeschichte bezeichnet werden.
Zwar hatten hierzulande die Herolde nicht so eine herausragende
Bedeutung wie in England oder Frankreich, dennoch spiegelt sich
deren Bedeutung unangemessen im Umfang der historischen Forschung wider. Dabei gibt es viele Quellen, gerade aus dem 15. und
frühen 16. Jahrhundert, die uns einiges über das Walten der Herolde am deutschen Königs- und Kaiserhof berichten.

Diese sind bis jetzt ungehoben und sollten dringend systematisch
zusammengestellt und editiert werden. Ein Fundus solcher Quellen
ist die *Regesta Imperii*, in der allein acht Ernennungen von Herolden
zu Wappenkönigen im 15. Jahrhundert und mehr als 80 Einträge
über das Handeln und Vorkommen von Herolden im tagespoliti-
schen und höfisch-gesellschaftlichen Geschäft belegt sind.[94]

---

[93] L. ROEMHELD, Die diplomatischen Funktionen der Herolde im
späten Mittelalter, Berlin, 1964.
[94] Regest 8400 (Sigmund.): RI XI n. 8400, Regest 4523 (Friedrich III.):
Chmel n. 4523
Regest 854 (Sigmund.): RI XI n. 854, Regest 973 (Friedrich III.): Chmel
n. 973
Regest 4523 (Friedrich III.): Chmel n. 4523, Regest 854 (Sigmund.): RI
XI n. 854
Regest 9472 (Sigmund.): RI XI n. 9472, Regest 8400 (Sigmund.): RI XI n.
8400.
Siehe zu den 80 weiteren Einträgen: http://regesten.regesta-imperii.de/,
Suchbegriff: Herold, ab Regest 43.

Hierauf hätte die historische Forschung bereits längst aufmerksam werden müssen, beweisen diese Stellen in der Regesta Imperii doch eindeutig, dass Herolde eben nicht nur reine Heraldiker waren, worauf zu Beginn der Einleitung hingewiesen wurde, sondern im Gegenteil, ihnen schien eine besonders wichtige und herausgehobene Stellung im Rahmen von Verhandlungen, Diplomatie und Repräsentation ihrer Herren zugekommen zu sein. So wurden sie offenbar mit Verhandlungsvollmachten ausgestattet, wie dies in Regest 8153 (Österreich, Reich und Europa): RI XIV n. 8153 zu finden ist:

1497 Juli 7 Worms

KM (=Reichskanzlei) bevollmächtigt seinen Herold Hungerland, renitente Vasallen und Untertanen des wld Mgfen Bonifaz von Montferrat vor sich zu laden und sie zur Zahlung der Morgengabe für Hgin Bianca von Savoyen zu zwingen.
Wormatie 7. July 1497, Röm. 12. Hung. 8. B(ERTOLDUS) ss. — KV: Comissio pro Hungerland. Expeditum.[95]

Hier wird der Herold *Hungerland* (Ungarn) vom Kaiser (KM = Kaiserliche Majestät) bevollmächtigt Vasallen vor sich zu laden, die der Herzogin Bianca die Morgengabe schulden. Er handelt also im

---

[95] Vgl. hierzu weiterhin: Regest 20747 (Maximilian I.): RI XIV n. 20747, Regest 4495 (Maximilian I.): RI XIV n. 4495, Regest 5026 (Maximilian I.): RI XIV n. 5026, Regest 8154 (Österreich, Reich und Europa): RI XIV n. 8154 Regest 5129 (Maximilian I.): RI XIV n. 5129, Regest 5219 (Maximilian I.): RI XIV n. 5219, Regest 6432 (Maximilian I.): RI XIV n. 6432, Regest 8895 (Österreich, Reich und Europa): RI XIV n. 8895, Regest 18717   (Maximilian I.): RI XIV n. 18717, Regest 18627 (Maximilian): RI XIV n. 18627, Regest 21053 (Maximilian I.): RI XIV n. 21053, Regest 13427 (Österreich, Reich und Europa): RI XIV n. 13427, Regest 6773 (Maximilian I.): RI XIV n. 6773.

Namen des Kaisers und ihm stehen alle Mittel seines Herrn zur Verfügung diesen Auftrag auszuführen!

Eine weitere Quellengattung, die uns Aufschluss über die Existenz und das Handeln der Herolde gibt, sind die Reichstagsakten, denn sie geben uns zum Beispiel Auskunft über Prämienzahlungen an *des konges heralden* usw.[96]

Existenz und Wirken von Herolden sind also sicher belegt, dennoch bleiben die Antworten zu den anfangs gestellten Fragen nach ihrer Bedeutung noch offen. Zu diesem Zweck ist es hilfreich, das Handeln der Herolde in öffentlichen, ritterlich-höfischen Akten zu untersuchen, da sich in solchen Ereignissen das Selbstverständnis von Herrschaft der Fürsten (in unserem Falle des Kaisers) ausdrückt und somit die soziokulturelle Bedeutung der Herolde für den Hochadel deutlich wird. Bevor wir dazu kommen, soll vorerst ein kurzer Einblick in die Anfänge des Heroldwesens gegeben werden, damit die Entwicklung zu der hohen Bedeutung dieser Amtmänner im späten Mittelalter nachvollzogen werden kann und am Schluss ein Fazit der Erkenntnisse gezogen und die Forschungsfrage beantwortet werden kann.

---

[96] J. CHMEL, Regg. 973/RTA XVI, ältere Reihe, S. 631.

Anfänge des Heroldwesens

Soziale Herkunft

Der Ursprung der Herolde ist noch nicht hinreichend geklärt, aber vermutlich liegt er im hochmittelalterlichen Turnier des 12. Jahrhunderts.

Turniere waren im frühen Hochmittelalter eine Art „Kriegsübung" für den militärischen Ernstfall. Die teilnehmenden Kämpfer wurden in gleich große Gruppen (Scharen) aufgeteilt und ritten dann in geschlossenen Reiterverbänden (zumeist in Keilformation) mit scharfen Waffen aufeinander zu. Nach diesem Zusammentreffen wendeten (daher auch der Begriff Turnier, aus dem Französischen: *tournoyer*, welches sich vom Lateinischen: *tornare* = wenden, ableitet) die Kämpfer und ritten abermals aufeinander zu.[97] Diese Übung sollte die Ritter im Umgang mit ihren Pferden, den verschiedenen Manövern in einer Schlacht und das Kämpfen Mann gegen Mann an sich, für den Ernstfall trainieren und auf künftige militärische Auseinandersetzungen vorbereiten. Bei diesen Veranstaltungen kam es durch den Einsatz von echten Waffen und Rüstungen zu zahlreichen Toten und Verletzten, denn oft nutzten verfeindete Adelsparteien diese Übungen aus, um Konflikte jeglicher Art auszutragen. Aus diesem Grunde entwickelte man immer mehr Verfahrensweisen (wie zum Beispiel das Abdecken der Lanzenspitzen durch so genannte „Krönlein", ein breiteres, öffentliches Publikum, verschiedene Umgangsregeln für die Turnierarena und den Übungsablauf, Verbote das Turnier als Arena zur Beilegung schwelender Konflikte zu benutzen usw. usw.), die die Teilnehmer vor Verletzungen und vorrangig vor dem Tod schützen sollten, denn schließlich konnte ein Ritter noch so viel für den Ernstfall trainieren, wenn er bei einer Übung dafür starb, dann wurde der Sinn des Turniers ad absurdum geführt. Diese neuen Regelungen, die sich im Lauf der Zeit immer mehr konkretisierten und etablierten,

---

[97] W. PARAVICINI, Kultur, 2011, S. 12.

machten das Turnier dann ab dem Hochmittelalter mehr zu einer Art festlichen (wenn auch immer noch sehr gefährlichen) Veranstaltung des Hofes. Diese Entwicklungen führten sogar zu einigen Spielarten des Turniers, bei denen prinzipiell keinerlei Gefahr mehr für den Reiter bestand, da man nun nicht mehr mit Waffen direkt gegeneinander antrat, sondern nur noch „durchritt", diese Spiele nannte man „Pas d´armes" (frz. für: „keine Waffen").[98]

In den frühmittelalterlichen Turnieren tauchten dem fahrenden Volk angehörende Leute auf, die man *kroijiare* nannte. Diese, zu Deutsch: *Ausrufer*, waren vermutlich die unmittelbaren, geistigen Vorgänger der Herolde.[99] Da sie als Ausrufer Teil des fahrenden Volkes waren, gehörten sie damit dem verfemten Berufsstand an.[100] Diese *kroijiare* priesen auf Turnieren die Tapferkeit eines Ritters und seine bisherigen Turniererfolge an und wurden dafür von den entsprechenden Herren oft großzügig beschenkt.[101] Nach einem Turnier schlossen sie sich den restlichen fahrenden Leuten an, die ebenfalls verschiedene Dienste anboten und auf Beschenkungen hofften, sie zogen dann gemeinsam von Turnier zu Turnier, um sich so ihren Lebensunterhalt zu verdienen, jedoch war die Versorgung mit lebenswichtigen Gütern nicht die einzige Motivation, die die Herolde antrieb, so stand die Frage des Erwerbs der Ehre und des Ruhmes genauso im Vordergrund, denn nur durch die Gunsterweisungen des Herrn hatten sie eine Chance von ihm mögliche Empfehlungen an andere Fürsten zu erhalten. Die *kroijiare* erkannten mit der Zeit die Ritter, deren Ruhm und Siege sie priesen, auf den verschiedenen Turnieren wieder und konnten deshalb als Augenzeugen von bisherigen Erfolgen berichten. Durch die Differenzierung des Wappenwesens bildeten einige

---

[98] O. GAMBER, Ritterspiel und Turnierrüstung im Spätmittelalter, in: J. FLECKENSTEIN (Hrsg.), Das ritterliche Turnier im Mittelalter, Göttingen, 1985, S. 515

[99] W. PARAVICINI, Kultur, 2011, S. 79.

[100] N. BOCK, Herolde, 2010, S. 268.

[101] H. KRUSE, Herolde, in: W. PARAVICINI (Hrsg.), Höfe und Residenzen im spätmittelalterlichen Reich. Bilder und Begriffe, Teilband 1, Begriffe, Göttingen, 2005, S. 311.

dieser Ausrufer besondere Kenntnisse der Wappen und der dahinterstehenden Fürsten aus, daher konnten sie einen Adligen in Vollrüstung mit geschlossenem Harnisch und Helm anhand seines Wappens exakt identifizieren und wussten genau um welchen Herrn es sich handelte.[102] Das Erkennen von Wappen war verbunden mit dem Erkennen der Einzelperson, die das Wappen trug, da jeder Fürst sein, individuelles und damit unverwechselbares, Wappen führte.[103]

Diese Fähigkeit machte die Herolde einzigartig und mit der Zeit unverzichtbar für den Turnieradel, was dazu führte, dass auch die Geschenke (oft in Form von Prämien, Kleidung, Naturalien, wertvollen Gegenstände usw.) für diese Ausrufer immer großzügiger wurden, je mehr sie von einem Herren und dessen bisherigen ruhmvollen Siegen bei festlichen Kämpfen berichten konnten. So war es üblich, dass nach einem veranstalteten Zweikampf die Herolde alles aufnehmen und behalten konnten, was auf dem Feld an Ausrüstung, Gegenständen, Schmuck und Kleidung lag.[104] Moritz von Craûn soll einem seiner Knappen sogar ein ganzes Turnierschiff geschenkt haben, ein als Schiff gestaltetes Gefährt, welches auf dem Land fahren konnte und sehr aufwendig und mit feinen Stoffen (insbesondere den Segeln) gearbeitet wurde.[105] Diese Schenkungen sollten zum einen die Großzügigkeit des jeweiligen Fürsten zur Geltung bringen und damit zeigen, was für ein guter Christ jener war und hatte zum anderen auch den beabsichtigten Effekt, dass die reich beschenkten Herolde nun noch einmal vor dem ganzen Publikum ihren Herren für das großzügige Geschenk lobpreisten. Besonders fähige Ausrufer, die eine umfangreiche Kenntnis des Wappenwesens errungen hatten und es verstanden die entsprechenden Ritter durch ihre Verkündigungen zu ehren und ihnen zu Ruhm zu verhelfen, wurden von Fürsten angespro-

---

[102] T. HILTMANN/ U.ISRAEL, Herolde, 2010, S. 70.
[103] G. MELVILLE, roy, 2005, S. 140.
[104] J. BUMKE, Höfische Kultur. Literatur und Gesellschaft im hohen Mittelalter, München, 2008, S. 370
[105] Ebd.

chen, ob sie ihn nicht zu seinen Turnieren begleiten würden und von nun an ihn als Einzigen ankündigen und seine Erfolge preisen würden. Es kam also zu einer Art „Festanstellung", die jedoch zunächst als eher unverbindlich gewertet werden muss, denn zu einer wirklich dauerhaften Bindung an einen Fürsten kam es wohl erst im 14. Jahrhundert, dann jedoch erstaunlich schnell und vor allen Dingen flächendeckend in ganz Europa.[106]

Damit gehörte der Herold nun zum weiteren Hof und Gefolge eines Herrn und wurde von nun an Zeuge und Publizist von dessen ehrenvollen Taten. Trotz dieses enormen Bedeutungszuwachses, gelang den Herolden der dauerhafte soziale Aufstieg bis ins 15. Jahrhundert hinein nicht und das obwohl das Heroldsamt zu dieser Zeit bereits als flächendeckend etabliert galt und Herolde aus dem adligen, ritterlich-höfischen Alltag nicht mehr wegzudenken waren. Sie wurden weiterhin in Rechnungen über Schenkungen noch immer zusammen mit niedersten, nicht-adligen Lakaien aufgeführt. So finden wir in den deutschen Reichstagsakten und anderen Rechnungsbüchern zahlreiche solcher Einträge, wie den Folgenden:

[...] item 12 gulden Rome und Rich und 8 posunern und piffern des konigs geschenkt [...][107]

Bei *Rome und Rich* handelt es sich um den Wappenkönig Rudolf Romreich, der von Kaiser Friedrich III. im Jahre 1442 zum obersten Herold im Römischen Reich (***regem omnium heraldorum** persevandorum seu servorum armorum **in toto sacro Romano imperio de Romane regie***) ernannt wurde.[108]

Posuner und piffer sind Musiker, die in verschiedenen Situationen (zum Beispiel für das Ankündigen eines Ganges beim Festessen)[109] zur Glorifizierung des Herrschers beitragen sollten, sie gehörten neben Gauklern, Schauspielern (sowie Ausrufern) und anderen

---

106 T. HILTMANN/ U. ISRAEL, Herolde, 2010, S. 70.
107 J. CHMEL, Regg. 973/RTA XVI, ältere Reihe, S. 331.
108 Regest 973 (Friedrich III.): Chmel n. 973.
109 J. BUMKE, Höfische Kultur: Literatur und Gesellschaft im hohen Mittelalter, München, 1997, S. 257.

„Berufen", die zur Unterhaltung der Hofgesellschaft dienten, zum Kern des fahrenden Volkes. Der oberste Herold des ganzen Reiches war hier also in einem Atemzug mit den niedersten Bediensteten bei Hofe erwähnt. Trotz dieser sehr niedrigen, sozialen Stellung war die Prämie, die der Herold und die Musiker bekamen dennoch sehr hoch. Im Mittelalter benutzte man meist Silbergeld, Gulden waren, wie der Name schon sagt, Goldmünzen und damit das höchste Zahlungsmittel, welches man zu dieser Zeit kannte. Der genaue Wert, der zu dieser Zeit üblichen Gulden ist nicht genau bestimmbar, jedoch wissen wir, dass der Goldgehalt vermutlich zwischen 2,5 und 3,4 Gramm lag.[110] Wir wissen weiterhin, dass ein niederländischer Gulden von 1433 ca. 72 Gros wert war und obwohl wir keinerlei Angaben über den genauen Goldgehalt dieser Münze zur Verfügung haben, kann man davon ausgehen, dass er wohl einen ähnlichen Anteil wie der Reichsgulden besaß, da im 15. Jahrhundert nahezu alle Goldwährungen (wie auch der Florin in Italien) sich zwischen 2,5 und 3,4 Gramm Gold einpendelten. Nehmen wir nun an, dass ein Gulden von den in dem Rechnungsbuch der Reichstagsakten erwähnten Goldmünzen ca. 72 Gros wert war, dann war eine Prämie von 8 oder 12 Gulden ein enorm hoher Betrag. Zum Vergleich: Der Tageslohn eines Maurermeisters, der an der Liebfrauenkathedrale in Antwerpen baute, betrug 8 Gros, das Gehalt eines seiner Tagelöhner 4,5 Gros.[111] Dieses Geld bekamen der Herold und die Musiker zusätzlich zu ihrer normalen Vergütung und das obwohl sie Angehörige des fahrenden Volkes waren! Hier zeigt sich schon recht eindrucksvoll, was für eine Bedeutung den Herolden im höfischen Betrieb zukam. Daher ist es umso erstaunlicher, dass es trotz der vorangeschrittenen „Festanstellung" und der immer weiter wachsenden Bedeutung der Herolde, kein einheitliches Milieu dieser niederen Amtmänner gab und selbst bis ins 15. Jahrhundert hinein die Loslösung der Herolde aus

---

[110] G. MELVILLE/M. STAUB (Hrsg.), Enzyklopädie des Mittelalters. Band II, Konstanz, 2008, S. 169.
[111] J. LE GOFF, Geld im Mittelalter, Stuttgart, 2011, S. 197.

der sozialen Gruppe der Spielleute noch lange nicht abgeschlossen war.[112]

[112] T. HILTMANN, Heroldskompendien, 2011, S. 25.

Herausbildung der typischen Aufgaben der Herolde

Die frühmittelalterlichen Turniere waren der Ursprung der Herolde, daher sind auch dort die Anfänge der Entwicklung ihrer Aufgaben zu suchen, die dann im Spätmittelalter typisch für ihr Amt wurden. Dadurch, dass sie von Turnier zu Turnier reisten, um dort die verschiedenen Ritter anzukündigen waren sie auch schon bald sehr gute Kenner der Turnierregeln und des Ablaufs. So kamen ihnen im Lauf der Zeit richter-ähnliche Aufgaben zu, besonders wenn es um die Beurteilung des ehrenhaften Verhaltens der Ritter im Kampf ging, was wiederum eine gewichtige Rolle bei der Vergabe der Preise spielte.[113] Die Herolde avancierten mit der Zeit zu aktiven Gestaltern von Turnieren und beschränkten sich nicht mehr „nur" auf das Ausrufen, sondern hatten darüber hinaus die Aufgaben neue Turniere anzukündigen, die entsprechenden Einladungen dafür zu überbringen, die Einquartierung der Teilnehmer zu überwachen, deren Wappen an die Fassaden der Häuser anzubringen, die Turnierfähigkeit eines Teilnehmers zu überprüfen (Ahnenprobe und Helmschau)[114], die kämpfenden Gruppen einzuteilen (Helmteilung)[115], die Wappen und Fahnen der Ritter zu tragen, den tapfersten Kämpfer zu bestimmen und anhand dieser Einstufung die Sitzordnung bei den Festessen festzulegen und bei der Turnierpreisvergabe zu assistieren.[116] Mehr und mehr gaben ihnen die sie beschäftigenden Ritter auch Aufgaben, die über das Turnier hinausgingen, wie zum Beispiel Truppen auf den Schlachtfeldern zu identifizieren, wozu sie das angeeignete Wissen über die Wappen anderer Fürsten durch ihre Ausrufertätigkeit befähigte.[117]

---

[113] W. PARAVICINI, Kultur, 2011, S. 81.
[114] L. KURRAS, Ritter und Turniere. Ein höfisches Fest in Buchillustrationen des Mittelalters und der frühen Neuzeit, Stuttgart/Zürich, 1992, S. 6.
[115] G.MELVILLE, office, 2002, S. 300.
[116] T. HILTMANN, Heroldskompendien, 2011, S. 15 – 33.
[117] Ebd., S. 15.

Des Weiteren überbrachten sie Nachrichten und handelten Waffenstillstände, Stadtübergaben, Friedensangebote und Bündnisvorschläge aus.[118] Nach der Schlacht identifizierten die Herolde die Toten, legten Gefallenenlisten an und sammelten verlorene und erbeutete Feldzeichen ein und überbrachten Nachrichten und Verhandlungsangebote.[119] Doch nicht nur auf dem Schlachtfeld wurden sie zu Botendiensten herangerufen, sondern auch in Friedenszeiten spielten sie eine wichtige Rolle bei der Kommunikation zwischen zwei Fürsten, sie überbrachten Heiratsvorschläge, geheime und wichtige Nachrichten und unterbreiteten im Namen ihres Herrn Angebote. Oft wurden sie dafür mit Verhandlungsvollmacht ausgestattet und sprachen dann in direktem Namen ihres jeweiligen Herrn. Auch außerhalb der Turniere betätigten sie sich als Ausrufer, sie verkündeten Urteile, neue Gesetze, politische Maßnahmen, Kriegserklärungen, Fehden, Waffenstillstände, Verbannungen, Friedensverträge, Steuer- und Handelsgesetze, Pirateriegesetze, Warentransportbotschaften, Prinzengeburten, Begnadigungsbriefe, Reichstagsbotschaften usw.[120] Dabei sollte man diese Funktion nicht als nebensächlich abtun, denn durch das Ausrufen wurden die Ereignisse dem Volk bekannt gemacht und damit öffentlich. Wenn Gesetze oder Maßnahmen beschlossen werden und niemand je davon erfährt, dann sind sie nur auf dem Papier existent, aber keinesfalls im gesellschaftlichen Alltagsleben. Beim Ausrufen solcher wichtigen Bekanntmachungen ist es daher von großer Bedeutung, dass der Ausrufer direkt im Namen des Fürsten spricht, ihn verkörpert, erst dadurch wird den Gesetzen und Maßnahmen die nötige Authentizität und Legitimität verliehen. So lesen wir in einem Eintrag in der *Regesta Imperii* zu diesem Sachverhalt:

1504 Dez. 18. Innsbruck

---

[118] G.MELVILLE, office, 2002, S. 305.
[119] H. KRUSE, Herolde, 2005, S.315.
[120] L. ROEMHELD, Funktionen, 1964, S. 7 - 17.

Hier wurde durch einen Herold ein direkter Befehl des Pfalzgrafen an seine Hauptleute ausgerufen, was für die Soldaten die gleiche Verbindlichkeit besaß, als hätte der Pfalzgraf ihnen persönlich diese Anweisung erteilt. Dies zeugt gleichzeitig von dem starken Vertrauensverhältnis, das zwischen Fürst und Herold bestanden haben muss, da sich der Herr voll und ganz auf die richtige Wiedergabe seiner Anweisungen verlassen können musste und eine falsche Übermittlung in einer kritischen Situation fatale Folgen hätte haben können.

Das Volk sah am Tappert des Herolds das Wappen ihres Lehnsherren und damit wurde für sie deutlich, dass die Verkündigungen direkt vom Fürsten höchstpersönlich stammten und daher wussten sie auch, dass jeder Verstoß gegen diese Gesetze, ein Verstoß gegen die Autorität des Fürsten war. Des Weiteren kam den Herolden eine zentrale Rolle in höfischen Zeremonien wie Ritterweihen, Taufen, Hochzeiten, Obsequien, Triumphzügen, Begräbnissen, Einritten, Ordensfesten, Krönungen und Festmählern zu, in denen sie oft feierlich den Prozessionen und Einzügen voranschritten und wichtige Gesten (wie das Zerbrechen des Siegels beim Tod eines Herrschers) vollführten.[122]

In diesen Zeremonien repräsentierten sie ihre Fürsten, sowie deren Herrschergewalt und Besitztümer und waren somit in der Mitte der ritterlich-höfischen Kultur angelangt.

Zudem galten sie als Experten in allen Fragen, die die Ehre und Ehrauseinandersetzungen (wie Zweikämpfe) anbelangten und

---

[121] Regest 19491 (Maximilian): RI XIV n. 19491.
[122] T. HILTMANN/ U.ISRAEL, Herolde, 2010, S. 70., H. KRUSE, Herolde, 2005, S.315, T. HILTMANN, Heroldskompendien, 2011, S. 16.

wurden von den Adligen dementsprechend zu Rate gezogen.[123] Zu guter Letzt dienten sie auch als Geleit von Gesandtschaften, militärischen Verbänden und Gästen und fungierten als Dolmetscher und Zweikampfrichter.

Wir sehen, dass spätmittelalterliche Herolde eine schier unendliche Anzahl von Tätigkeitsbereichen besaßen und um diese Aufgaben wahrnehmen zu können wurden sie während ihrer Dienstzeit mit Immunität ausgestattet. Sie mussten einen Amtseid leisten, der sie zur Wahrheit und Verschwiegenheit und vor allen Dingen zum treuen Dienen verpflichtete.[124] Nur dadurch wurden sie beispielsweise auf den Schlachtfeldern von der gegnerischen Seite als Verhandlungspartner akzeptiert, da der Eid ihnen verbot, beim Gegner Spionage zu betreiben und dem Herrn Einzelheiten über die gegnerischen Stellungen zu verraten. Dieses Vertrauen hielt aber auch nur so lange an, wie der Herold sich an seinen Eid hielt, denn hätte er diesen gebrochen und Spionage betrieben, so hätte er damit das größte Kapital seines Amtes (nämlich sein Schwur stets die Wahrheit zu sagen und dem ganzen Adel zu dienen und nicht nur seinem Herrn) verspielt und sich unglaubwürdig gemacht.

Des Weiteren wurden Herolde durch besondere Amtskleidung als eben solche unmissverständlich sichtbar gemacht: Sie trugen einen Tappert, auf dem das Wappen ihres Herrn angebracht war.[125] Jeder Adlige trug im Spätmittelalter ein Wappen, welches ihn ganz persönlich repräsentierte.[126] So konnte das Vorhandensein des Wappens die Anwesenheit des Trägers in persona ersetzen.[127] Zusätzlich zu diesem Überwurf, trug der Herold einen Stab, der als Zeichen anordnender Gewalt fungierte. Diese Amtsinsignien bevoll-

---

[123] T. HILTMANN, Heroldskompendien, 2011, S. 31.

[124] N. BOCK, Herolde, 2010, S. 278.

[125] G. SCHEIBELREITER, Heraldik, Wien, 2006, S. 128.

[126] M. SPÄTH, Wappen, in: W. PARAVICINI (Hrsg.), Höfe und Residenzen im spätmittelalterlichen Reich. Bilder und Begriffe, Teilband 1, Begriffe, Göttingen, 2005, S. 290.

[127] L. FENSKE, Adel und Rittertum im Spiegel früher heraldischer Formen und deren Entwicklung, in: J. FLECKENSTEIN (Hrsg.), Das ritterliche Turnier im Mittelalter, Göttingen, 1985, S. 151.

mächtigten den Herold im Namen seines Herrn zu sprechen und in seinem Sinne Verhandlungen zu führen, daher machte es keinen Unterschied ob man nun mit dem Fürsten persönlich oder seinem Herold sprach.

Zusammengefasst sei noch einmal gesagt: Das Wappen war die Person und jeder der es trug, verkörperte den Wappenträger, ob es nun der Fürst selbst war oder jemand anderes spielte dabei keine Rolle. Amtseid und Amtskleidung sicherten die neutrale Stellung des Herolds und damit seine von beiden Seiten anerkannte Verhandlungsposition und befähigten ihn, seine hier aufgeführten (und bei weitem nicht vollzähligen) Aufgaben zu erfüllen.

Die Bedeutung der Herolde für den Hochadel am Beispiel des Wappenkönigs „Romreich"

In diesem Kapitel werden zwei der wichtigsten unter den mannigfaltigen Aufgaben der Herolde analysiert, damit deren Bedeutung für das soziokulturelle Selbstverständnis des Adels bewiesen werden kann.

Zum einen soll die Rolle der Herolde in Zeremonien wie Beispielsweise Triumphzügen bewertet werden und zum anderen ihre Bedeutung in spätmittelalterlichen Turnieren.

Als Hauptquelle hierfür dient der bereits in der Einleitung vorgestellte *Theuerdank*.

Das deutsche Heroldwesen im 15. und 16. Jahrhundert

In der Regesta Imperii mehren sich im 15. Jahrhundert merklich die Ernennungen von Wappenkönigen mit dem Namen „Romreich" innerhalb des deutschen Raumes.

Alle drei römischen Kaiser des 15. Jahrhunderts (Sigismund, Friedrich III. und Maximilian I.) unterhielten einen „Romreich":

Kaiser Sigismund

1431 März 27 Nürnberg,

ernennt auf Veranlassung des Hrz. Adolf v. Jülich, Berg u. Geldern Tilman v. Selters, vormals Jülich genannt, der fortan **Romrich** *heissen soll, zu einem Wappenkönig u. setzt ihn über alle Herolde u. Trabanten (Persevanten) im Reich. — KU. w. v. — RR. J 118r. (dinst. nach annunc. Mar.)*[128]

Kaiser Friedrich III.

1466 Juni 13 Neustadt

macht den Panthaleon, genannt Sidoni, zum **Wapenkönig des Röm. Reichs.**

"- Wir haben angesehen solich erberkeit und vernunft die unser und des reichs lieber getrewer Panthaleon genant Sidoni des hochgebornen Johansen herczogen zu Medina und Sidonia unsers lieben oheims und fürsten erhalt (Herold) an im hat auch die getrewen vleissigen dinste die er uns und dem heiligen reich getan hat und hinfür wol tun mag und sol in künftig zeit und in darumb mit wolbedachtem mute rechter wissen und dem vorgenannten unserm lieben oheim und fürsten zu eren gevallen und von sunderlichn unsern kaiserlichn gnaden zu unserm und des heiligen reichs künig der wappen erhebt gewirdigt und gemacht und darczu den vorgenanten namen Sydoni den hinfür zu haben zu gebrauchen und also genennet zu werden gnediclich confirmirt und bestett ..."[129]

Kaiser Maximilian I.

1498 Juli 14 Freiburg

KM (=Reichskanzlei) quittiert der Stadt Windsheim die Bezahlung der Stadtsteuer (Summe nicht genannt), die am künftigen Martinstag fällig wird.

---

[128] Regest 8400 (Sigmund.): RI XI n. 8400
[129] Regest 4523 (Friedrich III.): Chmel n. 4523.

Während Kaiser Sigismund und Friedrich III. mehrere Herolde ernannten, ist für Kaiser Maximilian lediglich der von seinem Vater bereits eingesetzte Bernhard Sittich nachweisbar.[131] Erst im 16. Jahrhundert ernannte Maximilian einen neuen Herold für das Römische Reich, der dann ab 1507 nicht mehr „Romreich", sondern „Teutschland" oder „Germania" genannt wurde.[132]

Im ersten zitierten Regest heißt es: [...]*zu einem Wappenkönig u. setzt ihn über alle Herolde u. Trabanten (Persevanten) im Reich* [...], hier wird also ganz klar eine hierarchische Struktur unter den Herolden benannt: Der Wappenkönig steht über allen anderen Herolden und Persevanten. Das Wort „Persevant" stammt vermutlich von dem französischen Wort *poursuivant* ab, was übersetzt so viel wie „Anwärter" oder „Gehilfe" bedeutet.[133] Die Persevanten schienen also Helfer der Herolde zu sein und bekleideten anscheinend den niedersten Rang in diesem System, über ihnen waren die Herolde angesiedelt und über den Herolden schließlich stand der Wappenkönig. Aus dem französischen Raum kennen wir eine ziemlich strenge und sehr sorgfältig gegliederte Amtshierarchie der Herolde, hier musste ein Persevant eine sieben Jährige Ausbildung unter der Anleitung eines Herolds absolvieren und erst danach konnte er selbst zum Herold aufsteigen, welches in einem feierlichen Inaugurationsakt in Form von Taufe mit Wein und unter Beteiligung des Wappenkönigs vollzogen wurde.[134] Er erhielt einen Amtsnamen, wurde einem Wappenbezirk zugeschrieben, bekam den entsprechenden Tappert dazu und erhielt seine Amtsinsignien. Obgleich die Herolde im deutschen Raum nicht die hohe Bedeutung wie bei

---

[130] Regest 6410 (Maximilian I.): RI XIV n. 6410.
[131] Regest 972 (Friedrich III.): Regg.F.III. H. 4 n. 972.
[132] N. BOCK, Herolde, 2010, S. 277.
[133] G. OSWALD, Lexikon der Heraldik, Regenstauf, 2006, S. 302.
[134] G.MELVILLE, office, 2002, S. 315.

den Franzosen oder Burgundern hatten, kann man doch von einem ähnlichen Ablauf auch hierzulande ausgehen.[135]

Die luxemburgischen und habsburgischen Kaiser des Heiligen Römischen Reiches ernannten mehrere oberste Herolde für die verschiedenen Reichsterritorien.[136] Die Quellen belegen die Existenz eines *Hungerland*[137] für Ungarn, eines *Behmerland*[138] für Böhmen und den bereits erwähnten *Romreich* für das Römische Reich. Bei den ersten beiden ist vom *obersten Herold aller Herolde u. Trabanten* die Rede, während Romreich eindeutig den Titel *Wappenkönig* zuerkannt bekam, trotzdem ist davon auszugehen, dass die Herolde Behmerland und Hungerland wie Wappenkönige in ihren jeweiligen Gebieten gehandelt haben, da der Quellentext auch eindeutig besagt, dass sie über allen *Herolden und Trabanten* stünden.

Nachdem geklärt wurde, wie ein Persevant zu einem Herold aufsteigen konnte, stellt sich nun die Frage, wie ein Herold zum Wappenkönig aufsteigen konnte? Einige Einträge in der Regesta Imperii wie der Folgende (schon vorher zitierte), geben uns eine Antwort darauf:

1466 Juni 13 Neustadt

Kaiser Friedrich III. macht den Panthaleon, genannt Sidoni, zum Wapenkönig des Röm. Reichs.

"- Wir haben angesehen solich erberkeit und vernunft die unser und des reichs lieber getrewer Panthaleon genant Sidoni des hochgebornen Johansen herczogen zu Medina und Sidonia unsers lieben oheims und fürsten erhalt (Herold) an im hat auch die getrewen vleissigen dinste die er uns und dem heiligen reich getan hat und hinfür wol tun mag und sol in künftig zeit und in darumb mit wolbedachtem mute rechter wissen und dem vorgenannten unserm lieben oheim und fürsten zu eren gevallen und von sunderlichn unsern kaiserlichn gnaden zu

---

135 N. BOCK, Herolde, 2010, S. 272 – 275.
136 L. KURRAS, Ritter, 1992, S.15.
137 Regest 8153 (Österreich, Reich und Europa): RI XIV n. 8153.
138 Regest 9472 (Sigmund.): RI XI n. 9472.

unserm und des heiligen reichs künig der wappen erhebt gewirdigt und gemacht und darczu den vorgenanten namen Sydoni den hinfür zu haben zu gebrauchen und also genennet zu werden gnediclich confirmirt und bestett ..."[139]

Hier wird gesagt, dass Wappenkönige altgediente Herolde seien, die zuvor bereits bei hohen Reichsfürsten angestellt waren (*des hochgebornen Johansen herczogen zu Medina und Sidonia unsers lieben oheims und fürsten erhalt*) und durch ihre jahrelangen Verdienste und bewiesene Ehrlichkeit und Tüchtigkeit (*die getrewen vleissigen dinste die er uns und dem heiligen reich getan hat*) dann die Aufmerksamkeit des Kaisers auf sich zogen (*von sunderlichn unsern kaiserlichn gnaden*) und schließlich zum Reichsherold aufsteigen konnten (*zu unserm und des heiligen reichs künig der wappen erhebt gewirdigt und gemacht*). Ähnlich wird es wohl auch zwischen den niederen Adelsrangstufen abgelaufen sein, sodass ein Herold der zum *Romreich* ernannt wurde nicht selten einen langen Bewährungsweg bei verschiedenen Fürsten unterschiedlicher Ränge durchlaufen haben könnte. Daher genoss unter allen Herolden der Wappenkönig beim Kaiser das höchste Vertrauen, welches die Voraussetzung für seine Ernennung war, da er nun als Wappenkönig Romreich den Kaiser und das Reich vertreten, ja, im wahrsten Sinne des Wortes verkörpern würde!

Er bekam einen Tappert, auf dem das Wappen des Reiches aufgenäht war und sein Amtsname eröffnet diese Dimension: Da, wo der Wappenkönig war, da war das Reich anwesend!

---

[139] Regest 4523 (Friedrich III.): Chmel n. 4523.

Die Rolle der Herolde bei Zeremonien

Was dies nun konkret für den Kaiser und den Hofstaat bedeutete soll in diesem Kapitel anhand der Rolle von Herolden in Zeremonien analysiert werden. Die historische Forschung hat sich in den letzten Jahren intensiv mit Zeremonien, Ritualen und Riten beschäftigt und sich an Definitionen und Unterscheidungen versucht, daher kann es nicht Aufgabe dieser Arbeit sein, die Diskussion um dieses doch recht schwer zu fassende Thema aufzugreifen.

Dennoch ist es für das Verständnis der Rolle der Herolde wichtig, dass man weiß, was für eine Bedeutung Zeremonien im Mittelalter hatten, daher werde ich versuchen anhand von ein paar ausgewählten Werken der Sekundärliteratur den grundlegenden Sinngehalt von Zeremonien darzulegen. Hierzu ist es notwendig zunächst einen Blick auf die politischen und gesellschaftlichen Funktionsmechanismen des Mittelalters zu werfen.

Die mittelalterliche Politik wurde durch konkrete Personen und Personenbeziehungen geprägt, daher spricht man auch vom so genannten *Personenverbandsstaat*, also nicht Ämter, sondern Personen bildeten die Herrschaftsgrundlage.[140] Zentral organisierte und dauerhafte Institutionen gab es in der Form, wie wir sie heute kennen noch nicht, das hieß, dass die gesellschaftliche Ordnung nicht in erster Linie durch festgeschriebene gesetzmäßige und schriftlich fixierte Strukturen legitimiert wurde, vielmehr mussten die mittelalterlichen Herrscher ihren politischen Führungsanspruch durch symbolische Akte, in denen die gesellschaftliche Ordnung und die Herrschaft des Fürsten dargestellt wurden, legitimieren.[141] Solche Akte waren beispielsweise Zeremonien. Damit eine möglichst tiefgreifende Legitimation erreicht werden konnte, bedurfte

---

[140] H. MITTEIS, Der Staat des hohen Mittelalters. Grundlinien einer vergleichenden Verfassungsgeschichte des Lehnszeitalters, Weimar, 1959, S. 3.

[141] G. ALTHOFF, Die Macht der Rituale. Symbolik und Herrschaft im Mittelalter, Darmstadt, 2003, S. 199 ff.

es einer möglichst großen Öffentlichkeit und diese öffentliche Kommunikation richtete sich in erster Linie auf das Auge des Zuschauers.[142] Durch Handlungen vor einem Publikum verständigte man sich über grundlegende Prinzipien auf denen die Gesellschaft beruhte und aufgrund der symbolischen Verdichtung der verschiedenen Akte wurden die jeweiligen Inhalte effektiv vermittelt.[143]

Das führte dazu, dass man mit einer einzigen Geste in einer Zeremonie komplexe Verpflichtungen eingehen konnte, während der Zuschauer bei einer solchen Veranstaltung die Aufgabe hatte, diese Verpflichtungen zu bezeugen. Mit seiner Anwesenheit und der Beobachtung der Zeremonie wurde der Zuschauer Zeuge für die in diesem Akt vermittelten Inhalte, denn wer anwesend war und nicht demonstrativ widersprach, erklärte seine Zustimmung zu den dargestellten Aussagen, andernfalls hätten Zeremonien keinen herrschaftslegitimierenden Charakter besessen.[144] Zeremonien dienten also der Visualisierung idealisierter Zustände und der Repräsentation des Herrschers, denn erst die Repräsentation schuf Identität und die Identität gab dem Fürsten eine persönlich-charakterliche Autorität, die ihn im Sinne der Funktionsweise des *Personenverbandsstaates* in die Lage versetzte, verschiedensten Personen und Personenkreisen seine Gunst zu bezeugen oder sie ihnen zu entziehen, was wiederum ein wichtiges Instrument konkreter Machtausübung des Herrn war.

Der Herold repräsentierte in diesem Akt seinen Fürsten und war ein wichtiges Mittel zur Schaffung dieser Identität. Damit trug er dazu bei, eine der zentralen Machtgrundlagen der mittelalterlichen Herrscher zu stiften und zu bewahren. Repräsentation war also mehr als nur eine Zurschaustellung von Herrschaft, vielmehr stand sie für alle Formen des Handelns und drückte das mittelalter-

---

[142] G. ALTHOFF, Die Bilder der Mittelalterlichen Historiographie, in: B. STOLLBERG-RILLINGER (Hrsg.), Die Bildlichkeit symbolischer Akte, Münster, 2010, S. 23.

[143] Ebd., S. 25.

[144] B. STOLLBERG-RILLINGER, Die Bildlichkeit symbolischer Akte, Münster, 2010, S. 14.

liche Wirklichkeitsverständnis aus, durch sie wurde die Herrschaft erst Realität.[145]

Zeremonien hatten weiterhin die Funktion, soziale Beziehungen zu stiften und zu binden und dadurch ein friedliches Verhältnis zwischen den Akteuren zu erwirken.[146] Um die gewünschten Inhalte in effektiver Weise dem Publikum zu vermitteln, bedurfte es eines hohen materiellen Einsatzes, denn Dinge an sich besaßen im Mittelalter eine bedeutungsgenerierende Funktion, sinnliche Präsenz war durch Materialität garantiert und diese wiederum war die Voraussetzung für die Wirkkraft visueller Akte.[147]

Dieses Verständnis von der Bedeutung der Dinge entsprang der menschlichen Biologie, denn der Mensch ist ein audiovisuelles Wesen und verinnerlicht und erfährt Dinge und Inhalte am nachhaltigsten durch Stimulation der Sinne, je mehr Sinne angesprochen werden, desto wirklicher und fassbarer erscheint dem Menschen ein Ereignis. Aus diesem Grunde wurden die Zeremonien oft sehr prunkvoll mit Kleidern, Fahnen, Musik, Gesten, Bildern, Tafeln, Tieren, Bauten, Fahrzeugen und Düften ausgestaltet, um so viele Sinne wie möglich anzureizen und damit den anwesenden Zuschauern die vorgeführten Handlungen und die daraus resultierenden Bedeutungen klar und für jeder Mann real vor Augen zu führen.

---

[145] R. BUTZ, Fürstenlob und Fürstenkritik durch die Zeitgenossen, in: O. AUGE/R.-G. WERLICH und G. ZEILINGER, Fürsten an der Zeitenwende zwischen Gruppenbild und Individualität. Formen fürstlicher Selbstdarstellung und ihre Rezeption (1450 – 1550), (Residenzforschung, Band 22), Ostfildern, 2009, S. 60.

[146] E. BIERENDE/S. BRETFELD/ K. OSCHEMA, Warum Riten, Gesten, Zeremonien? Die Aktualität eines Forschungsgegenstandes, in: E. BIERENDE/S. BRETFELD/ K. OSCHEMA (Hrsg.), Riten, Gesten, Zeremonien. Gesellschaftliche Symbolik in Mittelalter und Früher Neuzeit, Berlin, 2008, S. IX – X.

[147] G. KORF, Inkarnat der Seele? Zehn Anmerkungen zur Materialität der Medialität in Norbert Elias´ Zivilisationstheorie, in: B. STOLLBERG-RILLINGER (Hrsg.), Die Bildlichkeit symbolischer Akte, Münster, 2010, S. 38.

Kaiser Maximilian I. war ein Herrscher, der sich dieser bedeutungsgenerierenden Dimension von Zeremonien voll und ganz bewusst war und daher besonderen Wert auf reich ausgestaltete Zeremonien legte und sogar Zeichnungen und Malereien von einem besonders prächtigen (und praktisch kaum umsetzbaren) Triumphzug anfertigen ließ. In diesem Triumphzug wollte der Kaiser den Glanz seiner Herrschaft demonstrieren, seine heldenhaften und ritterlichen Taten, Abenteuer und Siege kundtun und der Nachwelt hinterlassen, dabei stand der Triumphzug im engen, inhaltlichen Zusammenhang zu seinen beiden schriftlichen Auftragswerken *Theuerdank* und *Weißkunig*. Diese Bilder, die zum großen Teil von Hans Burgkmair d. Ä. und Albrecht Dürer angefertigt wurden, eröffnen dem Betrachter ein pompöses Treiben.[148] Dazu ist anzumerken, dass das Mittelalter im Vergleich zur heutigen Zeit eine bilderarme Epoche war. Heutzutage begegnen uns Bilder überall: Im Internet, auf der Straße, bei der Arbeit, im Fernsehen, auf Plakaten, in Zeitungen und Büchern usw., doch vor 500 Jahren war das noch ganz anders und Bilder hatten eine viel größere Bedeutung als das heute der Fall ist, denn sie dienten nicht nur der Veranschaulichung, sondern wirkten auch ihrerseits direkt auf die Wahrnehmung von Ereignissen ein. Sie waren wirkmächtiger als jeder Text![149] Jede Bedeutung wurde immer erst im Augenblick des Veräußerns, Aufführens und Wahrnehmens hervorgebracht und daher diente das Bild besonders gut dazu, dem Betrachter einen bestimmten Inhalt mitzuteilen.[150]

Kaiser Maximilian I. war ein Herrscher, der sich sehr bewusst und umfassend der Wirkmächtigkeit und der Repräsentationsfunktion von Bildern, Zeremonien und rechtssymbolischen Akten bedien-

---

[148] Vgl. hierzu: http://www-classic.uni-graz.at/ubwww/sosa/druckschriften/triumphzug/, aufgerufen am 27.02.2012, 17:17 Uhr.

[149] B. STOLLBERG-RILLINGER, Bildlichkeit, 2010, S. 9.

[150] Ebd., S. 12.

te.[151] In seinem berühmten Triumphzug finden wir in über 90 Bildern eine prunkvolle Darstellung einer Zeremonie, bestehend aus Wagen, Reitern, Musikern, Soldaten, Rittern, Fürsten, Fabelwesen und Fußvolk, ein zu damaliger Zeit überwältigendes Werk! Besonders interessant für diese Arbeit ist, dass von den insgesamt 90 Bildern, 26 davon Herolde zeigen, die die Fahnen der österreichischen Erbländer trugen. Die Erbländer waren die Herrschaftsgrundlage der Habsburger im Reich.[152] Denn reichsrechtlich gesehen waren diese österreichischen Territorien ein Lehen, das die Habsburger vollständig inne hatten, was bedeutete, dass alle männlichen Mitglieder einen Anspruch auf Herrschaft besaßen.[153] Die Erbländer stellten also eine kontinuierliche und immerwährende, politisch-existenzielle Grundlage der Herrschaft des Hauses Habsburg dar und schufen eine ideale Voraussetzung, um die vielen und oft sehr kostspieligen, da „privat" finanzierten, Pflichten als Kaiserdynastie wahr zu nehmen. Sie verliehen dem habsburgischen Kaiser auch eine gewisse Unabhängigkeit von Einflüssen, Interessenbehauptungen und finanziellen Verlockungen von Seiten anderer Reichsfürsten. Obgleich sich gerade unter Kaiser Maximilian der Besitz der Habsburger auch auf die burgundisch-niederländischen Gebiete ausweitete und Kaiser Maximilian I. selbst gern vom *Haus Österreich und Burgund* sprach, so blieben die Erbländer doch eine geostrategisch und zeitlich gesehen, zuverlässigere Grundlage. Zwar konnte Maximilian in seiner Zeit als gewählter König und später auch als Kaiser seinen Herrschaftsanspruch in den Niederlanden durch viele militärische und diplomatische Auseinandersetzungen durchsetzen, jedoch waren diese Erfolge nicht von Dauer. Diese wichtige Herrschaftsgrundlage der Erbländer wollte der Kaiser durch das Medium Herold im Bild des Triumphzuges der Öffentlichkeit präsentieren. Maximilian stellte

---

[151] N. PETZI, Polit-Kommunikation am Hof Maximilians I. Der Zusammenbruch der Pentarchie in Italien im Spiegel der Diplomatie (1494 – 1500), Marburg, 2011, S. 105.
[152] N. BOCK, Repräsentant, 2008, S. 149.
[153] O. BRUNNER, Land und Herrschaft. Grundlagen der territorialen Verfassungsgeschichte Österreichs im Mittelalter, Wien, 1965, S. 446.

damit klar, dass er ein politisches Fundament besaß, welches ihm und seiner Dynastie die nötige politische Macht und auch Unabhängigkeit gab, das ganze Reich als Kaiser zu führen. Der Herold wurde hierbei zu einem Garanten seiner politischen Legitimität.

Im Miniaturtriumphzug von Jörg Kölderer (1512) wurden zusätzlich Herolde dargestellt, die Tafeln trugen, auf denen die Kriegssiege Kaiser Maximilians I. abgebildet waren.[154]

Hierbei wurde die typische Aufgabe des Herolds als Zeugen deutlich, denn mit dem Tragen der Tafel, auf der der entsprechende Sieg abgebildet war, bürgte der Herold für dessen Wahrheitsgehalt (denn sein Amtseid verpflichtete ihn dazu immer die Wahrheit zu sagen) und präsentierte damit gleichzeitig diese Ruhmestaten der Öffentlichkeit. Damit griff der Kaiser zugleich das alte kriegerische Ideal des Adels auf, das den herrschaftlichen Legitimitätsanspruch in der Repräsentation unterstützen sollte.

Allen Herolden voran reitet ein besonders prächtig gekleideter Herold, der vermutlich Romreich, den Wappenkönig Kaiser Maximilians, verkörpern sollte.

Der ganze Triumphzug diente dazu Kaiser Maximilian und die habsburgische Dynastie als überaus ehrenvoll, ruhmreich und mächtig darzustellen und damit ihren Führungsanspruch über das Reich zu legitimieren, da hier eine soziale Ordnung und politische Legitimität kommuniziert wurde. Dieser Triumphzug wies also die typischen Funktionsmerkmale einer Zeremonie auf, auch wenn er „nur" auf dem Papier existierte.

Die 26 Herolde auf dem Bild, stellvertretend für die 26 habsburgischen Erbländer als Herrschaftsgrundlage des Kaisers, manifestierten dessen Herrschaftsanspruch. Die zentrale Rolle, die die Herolde in diesem Triumphzug spielten, kann als stellvertretend für alle größeren Zeremonien am Kaiserhof im späten Mittelalter (wie Krönungen, Festmähler, Begräbnisse, Hochzeiten und Ritterweihen) verstanden werden.[155] Dabei nahmen sie verschiedene Aufga-

---

[154] J.-D. MÜLLER, Gedechtnus. Literatur und Hofgesellschaft um Maximilian I., München, 1982, S. 151.
[155] T. HILTMANN/ U.ISRAEL, Herolde, 2010, S. 71.

ben wahr: Sie verkörperten (im Falle des Romreich) das Reich, war der Wappenkönig Romreich in einer Zeremonie anwesend, wurde das Reich durch äußere Zeichen repräsentiert. Weiterhin bezeugten sie alles was in dem feierlichen Akt vermittelt wurde, denn durch ihre Anwesenheit verliehen sie dem Ereignis die nötige Öffentlichkeit zur Anerkennung der vermittelten Inhalte.[156] Meist schritten Herolde und Persevanten der Prozession voran, nahmen Ehrungen und Entehrungen vor und bezeugten mit ihrer Anwesenheit die Richtigkeit der vermittelten Inhalte und dem Ablauf der Zeremonie. Dadurch, dass mit dem Wappenkönig das Reich anwesend war, wurde auch eine politische Stabilität und Kontinuität symbolisch kommuniziert. Der prachtvolle Tappert des Romreichs mit dem Wappen des Kaisers wirkte als starkes Bild überwältigend und kommunizierte, dass der reale Wappenträger im Herold verkörpert sei. Es handelte sich hierbei um einen ärmellosen Überwurf, der im Falle des Romreiches in gelber Farbe gehalten war und auf dessen Vorderseite der doppelköpfige Reichsadler in schwarz zu sehen war.

Voraussetzung für diese mediale Funktion der Herolde in den Zeremonien waren ihr Loyalitätsbekenntnis (der Amtsschwur), die Entpersonalisierung und die symbolische Aufladung durch den Amtsstab, den Amtsnamen und den Wappenrock.[157]

Die Rolle der Herolde am Beispiel von spätmittelalterlichen Turnieren

Nachdem im vorigen Kapitel die Bedeutung der Zeremonien und die Rolle der Herolde in diesen öffentlichen Repräsentationsakten analysiert und interpretiert wurden, soll nun anhand einer konkreten Zeremonieform, nämlich dem Turnier, die Rolle der Herolde untersucht werden.

---

[156] N. BOCK, Repräsentant, 2008, S. 142
[157] Ebd., S. 148

Da der Ursprung der Herolde im Turnier lag und hier ihre zentralen Aufgaben und ihr Amtsselbstverständnis generiert wurden, ist dieses Beispiel naheliegend, um die Bedeutung der Herolde für den Adel zu eruieren. Wie in der Einleitung bereits dargelegt, finden wir in der Auftragsschrift *Theuerdank* von Kaiser Maximilian I. auf den meisten der 118 kolorierten Holzschnitte, bei nahezu allen 80 Abenteuern einen Herolden an der Seite des Helden.

So muss sich der Protagonist dieser Erzählung am Ende des Werkes auch in Turnieren beweisen, in denen er um die Gunst der Königin, die seine künftige Gattin sein soll, buhlt. Hierbei tritt er gegen seinen Widersacher *Neydelhart* an. In diesem Kapitel ist Theuerdank bereits bei der Königin, die er zu heiraten beabsichtigt, angekommen und muss in Form eines Kampfes im Turnier der Königin seine Liebe beweisen.[158] Die beiden Ritter ritten in dieser Auseinandersetzung aufeinander zu und beim Aufprall *die künigin groß schrecken gewan/ bis sie höret die rechten mer/ das keinem nichts beschehen wer.*[159] Nach dem Kampf gab es ein Festessen, sowie einen Hoftanz und Theuerdank durfte ins Gemach der Königin gehen, wo sie ihm für seine ruhmvolle Tat, seinem Liebesbeweis, dankte. Wie genau der Dank der Königin aussah, wird in dem Werk nicht weiter ausgeführt.

Zwei Tage danach wurde ein zweites Turnier veranstaltet, in dem sein Gegner Neidelhart seine Lanze verstärkte und vergrößerte, um Theuerdank aus dem Sattel zu heben, ihm unter den Arm zu schlagen und damit sicher den Sieg davon zu tragen. Doch Theuerdank gewann das Turnier und schlug Neidelhart aus dem Sattel. Hier obsiegt ehrenvolle Gesinnung selbst über materielle Vorteile und unehrenhafte Gegner. Der Herold und die Königin sind Zeugen dieser ehrenvollen Heldentat und abermals dankte die Königin Theuerdank für seinen Einsatz und seinen Mut.

Wir sehen anhand dieser Szenen, was das Turnier für den Adel bedeutete, es war mehr als nur ein „Schaukampf", es war ein höfi-

---

[158] MAXIMILIAN (Römisch Deutsches Reich, Kaiser, I.), Tewrdannckh, Nürnberg 1517, S. 490ff.
[159] Ebd., S. 496.

sches Fest! Dass der Held im Theuerdank sich auch in Turnieren und Zweikämpfen beweisen musste, verdeutlicht die Dimension, die diese Veranstaltungen im Spätmittelalter besaßen. Die ganze Zeit geht es in dem Werk um den Ehrgewinn für den Protagonisten, für den tapferen Ritter. Das heißt, dass das Turnier anscheinend eine gute, wenn nicht sogar optimale, Möglichkeit darstellte Ehre zu erlangen und damit eine zentrale Rolle unter den höfischen Festen und der adligen Kultur einnahm. Doch wie kam es dazu, dass das Turnier solch eine große, höfische und soziokulturelle Bedeutung besaß?

Um diese Frage zu beantworten (die wichtig zur Klärung der Bedeutung der Herolde für den Adel ist) ist es hilfreich, sich die soziale und politische Situation des Hochadels im Spätmittelalter vor Augen zu führen. Denn zu dieser Zeit war der Adel durch verschiedene politische und technische Entwicklungen in einigen seiner standeslegitimierenden Grundlagen erschüttert.

Er selbst definierte sich seither dadurch, dass er frei und waffentragend war, was bedeutete, dass er sich seine Privilegien aus dem ehrenvollen Kampf in der Schlacht herleitete und damit als Beschützer der anderen Stände fungierte. Die Herleitung dieses Privilegs wurde für den Adel im späten Mittelalter zunehmends schwieriger, denn als bei der Schlacht von Crécy im Jahre 1346 ein ganzes französisches Panzerreiterheer von englischen Langbogenschützen geschlagen wurde, zeigte dies eindeutig, wie sehr sich die militärischen Verhältnisse zu Ungunsten des Rittertums gewandelt hatten. Ähnlich erging es den habsburgischen Rittern gegen die Schweizer Fußkämpfer bei Sempach (1386). Die wachsende Bedeutung der Landsknechte im deutschen Raum und neue technische Mittel wie die Artillerie ließen den kriegsstrategischen Wert der Ritter in ihren schweren gepanzerten Rüstungen in ganz Europa enorm sinken.[160] Im Spätmittelalter strebten die Landesherren nach einer an der Ministerialität orientierten Verwaltung durch Beamte, um ihren politischen Einfluss auf die Stände zu erhöhen und eine direktere

---

[160] J. EHLERS, Die Ritter. Geschichte und Kultur, München, 2006, S. 94 – 95.

Kontrolle über ihr Territorium auszuüben. Diese Zielstellung wirkte sich auch auf das Kriegswesen aus, so brachte das bisherige System der Heerfolge (in dem ein Lehenspflichtiger 40 Tage im Jahr seinem Lehnsherrn Truppen zur Verfügung stellen musste) durch die untergeordneten Stände gerade bei längeren Feldzügen oder Belagerungen immer mehr Probleme mit sich. Sowohl die zeitliche Begrenzung als auch die steigenden Kosten waren für die militärischen Auseinandersetzungen des Spätmittelalters nicht mehr tragbar, daher heuerten die Fürsten nun Söldner an, die für sie kämpfen sollten und die so lange zur Verfügung standen, wie der Herr Sold zahlte. Damit besaß der Fürst eine von seinen Lehnspflichtigen unabhängige Streitmacht und gewann dadurch auch an politischer Souveränität gegenüber seinen untergeordneten Ständen. Aus dieser Neuerung entstanden auch die Landsknechte, eine kaiserliche Söldnerarmee Maximilians I.[161] Landsknechte stammten nicht aus dem Rittertum und waren nicht adlig und konnten mit der neuen Taktik des *Spießerhaufens* in der Regel jeden Angriff von Panzerreitern abwehren. In dieser Formation standen die Landsknechte eng zusammen und hielten ihre Hellebarden oder Spieße nach vorn und konnten so auch einen starken Reiterangriff zum Stoppen bringen, in dem sie mit dem Spieß die Ritter aus den Satteln hoben oder auch die Reittiere angriffen.[162]

Des Weiteren konnten, ebenfalls aus dem Söldnerstand rekrutierte, Langbogenschützen mit ihren neuen, einfach herzustellenden Fernwaffen, aus sicherer Entfernung ein ganzes angreifendes Reiterheer besiegen, wie das bei der Schlacht von Crécy geschehen ist.[163]

Damit waren der Adel und die Ritterschaft als *Wehrstand* überholt! Mit ritterlicher Kampfesweise schien man kaum noch Schlachten gewinnen zu können, was dazu führte, dass der Adel seiner militärischen Monopolfunktion allmählich enthoben wurde. Das bedeu-

---

[161] V. SCHMIDTCHEN, Kriegswesen im späten Mittelalter. Technik, Taktik, Theorie, Weinheim, 1990, S. 43.
[162] Ebd., S. 231.
[163] Ebd., S. 43.

tete, dass ein entscheidender Aspekt seiner Rolle in der Gesellschaft wegzufallen drohte. Kämpfe wurden nun nicht mehr mit heldenhaftem Mut und ehrenvoller Art gewonnen, doch gerade das zeichnete das Rittertum aus.[164] Denn für den Adel waren Ehre und Tugenden (beides konnte er bisher im ehrenvollen Kampf im Krieg erwerben und beweisen) zentrale Bestandteile seiner Lebenskultur und seines soziokulturellen Selbstverständnisses, sie wiesen den Mitgliedern der führenden hohen und niederen Adelsschicht ein ethisches Ziel zu und trugen dadurch dazu bei, ein höheres Niveau der Gesittung und der Lebensführung anzustreben.[165] Dies verlieh dem Adel Exklusivität und eine erhöhte gesellschaftliche Stellung, die mit großem Ansehen und besonderen Privilegien verknüpft war. Militärische Qualitäten, ökonomische Überlegenheit sowie adäquate Herkunft bildeten weitere Fundamente adliger Sonderstellung. Da ein Adliger ein freier waffentragender Mann war, galt das Schwert als Kampfgerät und Ornat gleichermaßen.[166]

Nun, da seine Funktion als Kampfgerät obsolet geworden war, musste das Rittertum einen Ersatzrahmen finden, in dem das Schwert zum Kampfeinsatz kam und der Adel damit seine Sonderstellung weiterhin wahren und Ehre erlangen konnte.[167]

Dafür nutzte er im Spätmittelalter das Turnier, in welchem der Adel seine Vorstellungen von kriegerischer Fairness, Standesehre und ritterlichem Heldentum verwirklichte.[168] Also all jene Inhalte, die er aufgrund der neuen kriegsstrategischen Situation in der

---

164 J. HUIZINGA, Herbst des Mittelalters. Studien über Lebens- und Geistesformen des 14. und 15. Jahrhunderts in Frankreich und in den Niederlanden, Stuttgart, 2006, S. 90.
165 K. BOSL, Europa im Mittelalter, Darmstadt, 2005, S. 38.
166 M NEUMEYER, Vom Kriegshandwerk zum ritterlichen Turnier. Das Turnier im mittelalterlichen Frankreich, Bonn, 1998, S. 132.
167 M. PRIETZEL, Kriegführung im Mittelalter, Paderborn, 2006, S.264.
168 W. MEYER, Turniergesellschaften. Bemerkungen zur sozialgeschichtlichen Bedeutung der Turniere im Spätmittelalter, in: J. FLECKENSTEIN (Hrsg.), Das ritterliche Turnier im Mittelalter, Göttingen, 1985, S. 502.

Schlacht nicht mehr umsetzen konnte und genau in diesem Kontext stehen auch die Turniere im Theuerdank. Hierbei kommt nun auch der Herold ins Spiel, der wie immer an der Seite des Helden steht.

Im Punkt 2.1 wurde dargelegt, dass die Wiege der Herolde im Turnier lag. Das war kein Zufall, denn im Turnier offenbarte sich das ganze adlige Wertesystem, die adlige Lebensweise wurde hier idealisiert zur Schau gestellt, denn man beschränkte sich bei solchen Festivitäten nicht „nur" auf das Reiten und Stechen, sondern ein Turnier war auch immer ein höfisches Fest und Hoffeste waren eine souveräne Äußerung adliger Kultur.[169] So wurden Turniere zu den verschiedensten höfischen Ereignissen abgehalten wie Hochzeiten, Ritterweihen und Krönungen.[170]

Hoffeste stellten eine Form gesteigerter, öffentlicher Selbstdarstellung und Ausdruck von Prestigerivalität der Fürsten dar, daher veranstaltete man bei Turnieren auch immer Tänze und Festmähler, um sie so in den Status eines Hoffestes zu erheben.[171] Dabei war das Turnier auch immer zugleich Zeremonie, was man unter anderem daran erkennen kann, dass eine große Öffentlichkeit bei dieser Veranstaltung anwesend war. Im Theuerdank finden wir äußerst ausführliche und lange Beschreibungen davon, wie das Publikum zum Turnier anreiste.[172] Die Zuschauer verliehen dem Fest den nötigen öffentlichen Charakter und sollten die zur Schau gestellten Inhalte der höfischen Repräsentation bezeugen (man findet hier also die typischen Merkmale einer Zeremonie wieder), daher war dem Autor dieses Werkes der Hinweis auf das anreisen-

---

[169] W. RÖSENER, Ritterliche Wirtschaftsverhältnisse und Turnier im sozialen Wandel des Hochmittelalters, in: J. FLECKENSTEIN (Hrsg.), Das ritterliche Turnier im Mittelalter, Göttingen, 1985, S. 331.

[170] J. FLECKENSTEIN, Das Turnier als höfisches Fest im hochmittelalterlichen Deutschland, in:
J. FLECKENSTEIN (Hrsg.), Das ritterliche Turnier im Mittelalter, Göttingen, 1985, S. 244-245.

[171] W. RÖSENER, Leben am Hof. Königs- und Fürstenhöfe im Mittelalter, Ostfildern, 2008, S. 188 – 189.

[172] MAXIMILIAN (Römisch Deutsches Reich, Kaiser, I.), Tewrdannckh, Nürnberg 1517, S. 494- 495.

de Publikum auch so wichtig. Besonders Damen und Herolde nahmen die Bezeugung von Taten der Ritter im Turnier vor, so sehen wir im Theuerdank auf den Illustrationen wie der Herold selbst mit im Ring steht, während die Damen von einer erhöhten Position aus wehrhaften Gebäuden heraus den Kampf beobachten, wohingegen der Rest der Zuschauer sich direkt hinter der Arena oder auf Wehrgängen befindet.[173] Die Zuschauer machten das Turnier erst zu einem öffentlichen Ereignis und einem höfischen Fest, daher wurde ihnen in den Illustrationen des Theuerdanks auch ein so wichtiger Platz eingeräumt, wie dies schon zuvor im dazu gehörigen Text geschah. In diesem Kontext spielte der Herold eine zentrale Rolle, denn er war derjenige, der das höchste Gut des Adels verwaltete und zuwies: Die Ehre! Ihm kam dadurch eine Richterrolle in der adligen Welt zu und das, obwohl er selbst nicht einmal adlig war. Er steht deshalb auch im Theuerdank direkt im Ring, er beobachtet das Geschehen aus nächster Nähe, um ganz genau beurteilen zu können, wer sich wie in welchem Grad ehrenvoll verhält und wer nicht. Welche Konsequenzen der Ehrenrichterspruch des Herolds haben konnte, wurde anhand der Ahnenprobe und Helmschau deutlich, denn bei der Überprüfung der Turnierzulassungsregelungen kann man sehr deutlich sehen, welche Rolle der Herold für das adlige Selbstverständnis spielte, da es hierbei um Herkunft und Ehre ging, welche die beiden Grundlagen der Legitimität adliger Privilegien, des Standesbewusstseins und der gesellschaftlichen Exklusivität darstellten.

Wollte jemand an einem spätmittelalterlichen Turnier teilnehmen, so musste er nämlich vier *edle* Ahnen im *cognatischen* und *agnatischen* Teil seines Geschlechts nachweisen und den Erweis erbringen, dass er oder seine Eltern in den letzten 50 Jahren an Turnieren teilgenommen hatten. Nahm er zum ersten Mal an einem Turnier teil, so mussten wenigstens zwei Turnierfähige für seine edle Abstammung bürgen.[174] Der potentielle Turnierteilnehmer musste

---

[173] Ebd., S. 509, Ill.105.

[174] Vgl.: G. RÜXNER, Von Anfang, Ursachen, Ursprung und Herkommen der Thurnier im heyligen Römischen Reich Teutscher Nation, erst-

beim Herold eine Art „Bewerbung" einreichen und es oblag dem Herold, seine Herkunft zu überprüfen und darüber zu entscheiden, ob derjenige turnierfähig war oder nicht.

Die Helmschau fand meist am Tag nach der Ahnenprobe statt. Die übrig gebliebenen Bewerber brachten ihre Helme in einen Saal, meistens in einen Klosterkreuzgang, und stellten sie dort auf.[175]

malige Veröffentlichung 1530 von H. Rodler in Simmern. Aus: http://ia600406.us.archive.org/7/items/anfangvrsprugund00ruxn/anfang vrsprugund00ruxn.pdf, 15.07.2011, 16:10 Uhr, S. 421.
[175] O. GAMBER, Ritterspiel, S. 520.

Aus einem spanischen Bericht über das Turnier in Schaffhausen 1436 wissen wir, dass Damen, Ältere und Herolde dann die Helme dort beschauten.[176]

Die Damen und Herren untersuchten nun, unter Beratung der Herolde, ob sie gegen einen der hier durch Helme repräsentierten Herren Klage zu führen hatten oder ob jemand dabei war, der nicht am Turnier teilnehmen durfte, der also trotz nicht bestandener Ahnenprobe seinen Helm aufgestellt hatte, denn ein Helm stand mit seiner individuellen Helmzier unmissverständlich für einen bestimmten Herrn bzw. für ein bestimmtes Geschlecht.[177]

Die heraldische Bemalung des Wappenschildes und der Schildfarben wiederholten sich auf den Helmzierden, so konnte man auf Grund der Helme und Helmzierden den Träger des Wappens und damit eine bestimmte Person identifizieren.[178]

Deswegen kam an dieser Stelle auch den Herolden eine so gewichtige Rolle zu, denn sie kannten sich wie kaum ein anderer im Wappenwesen (durch ihre Teilnahme an zahlreichen Turnieren und ihre mehrjährige Ausbildung) aus und auch wenn sie nicht das letzte Urteil über die Turnierfähigkeit eines Adligen aufgrund ihrer eigenen nicht-adligen Stellung gesprochen haben mögen, so war ihr Rat dennoch ausschlaggebend für das Urteil der Richter und Damen. Die Frauen suchten bei diesem Vorgang eher nach Adligen, die sich gegenüber einer Dame unehrenhaft verhalten hatten und überprüften weniger die tatsächliche, adlige Abstammung.[179]

Das Minneelement spielte also eine wichtige Rolle bei spätmittelalterlichen Turnieren (wie wir dies auch schon im Ringen Theu-

---

[176] K. STEHLIN, Ein spanischer Bericht über ein Turnier in Schaffhausen im Jahr 1436, ed. A. PAZ Y MELIA (Revista de Archivs, Bibliotecas y Museos), Madrid, 1903, No. 11, S. 292 ff. Das Original ist nicht auffindbar, jedoch entstand eine zeitnahe Abschrift. Der vorliegende Text ist der Basler Zeitschrift für Geschichte und Altertum (14, 1) entnommen, S. 145 – 176, hier S. 162.
[177] W. PARAVICINI, Kultur, S. 91.
[178] L. FENSKE, Adel, 1985, S. 151.
[179] R. BARBER/J. BARKER, Tournaments. Jousts, Chivalry and Pageants in the Middle Ages, Woodbridge, 1989, S. 67.

erdanks um den Dank der Königin gesehen haben), während die Herren und Richter eher nach Personen suchten, die sich generell nicht ritterlich verhalten hatten, oder trotz nicht bestandener Ahnenprobe ihren Helm aufgestellt hatten. Fand man einen Kandidaten, auf dem eines oder mehrere dieser Ausschlusskriterien zutrafen, so stieß ein Herold dessen Helm von seiner Halterung hinunter und zog ihn anschließend durch den Schmutz. Mit diesem symbolischen Akt war der Bewerber, dem dieser Helm gehörte, vom Turnier ausgeschlossen. Aus der Heidelberger Turnierordnung von 1481 wissen wir, dass dieser Kandidat, wäre er dennoch zum Kampfe angetreten, von Stangenknechten verprügelt worden wäre und nie wieder bei einem Turnier hätte teilnehmen dürfe und dass seine Sippe auf immer die Turnierfähigkeit verloren hätte.[180] Dies stellte eine große Schmach für den Abgelehnten dar, denn ihm wurde damit das Recht aberkannt, einer privilegierten ritterlichen Schicht anzugehören. Mit dem hoch symbolisch aufgeladenen Akt der Helmschau wollte der Adel zeigen, dass nur Ritter im Turnier durch ihre Taten Ruhm und Ehre erwerben durften. Mit dem Herunterstoßen des Helmes wurde ein Akt vollzogen, der einerseits den Herrn, der hinter dem Helm stand, sozial abwertete und andererseits dessen Recht ein adliges Wappen zu führen, aberkannte. Auf Bildzeugnissen über Helmschauen (so auch das zu den Vier Lande Turnieren von Conrad Grünenberg) werden stets Bügelhelme dargestellt.[181] Diese Helmgattung war dem Adel vorbehalten, Nicht-Adlige durften lediglich Stechhelme für ihre Wappen benutzen.[182]

So wurde allein am Hinunterstoßen des Helmes ständische Hierarchie durch heraldische Symbolik kommuniziert und geschaffen, während der Herold hierbei die Rolle des Ehrenrichters spielte, denn als Beurteiler von Ehre war er auch für Entehrungen verantwortlich, was er im Herunterstoßen des Helmes vollzog. Doch warum war den Adligen zu der Zeit es eigentlich so enorm wichtig

---

[180] G. RÜXNER, Anfang, S. 421.
[181] Siehe G. OSWALD, Lexikon, S. 191.
[182] HEROLD, Handbuch, S. 79.

Ehre zu erlangen und zu erhalten? Warum war es eine so große Schmach für einen Herrn „entehrt" zu werden?

Es ist wichtig sich dieser Frage zu stellen, denn deren Beantwortung führt uns sehr nahe an die Bedeutung der Herolde für den Adel heran, da Herolde (wie bereits erläutert) bei der Zuteilung von Ehre eine zentrale Rolle spielten und Experten in allen Sachen waren, die etwas mit Ehre zu tun hatten.

Die Bedeutung der Ehre im Mittelalter

Ehre war im Mittelalter ein soziales Regulativ, sie sicherte den Menschen gesellschaftliche Wertschätzung und wurde dadurch ein Kernstück höfischen Handelns.[183]

Sie stellte eine Garantieform außerhalb des Rechtsraumes für richtiges Verhalten bei Hofe dar. Die spezifische Form der Standesehre hatte dabei die Funktion, abgesteckte Normen innerhalb kleinerer Lebenskreise zu schaffen und sich anhand dieser Verhaltensweisen von anderen Lebenskreisen abzugrenzen. Innerhalb eines gesellschaftlichen Kreises bildete sich ein einheitlicher Ehrcharakter heraus, der innere Kohäsion bewirkte und spezifische Erwartungshaltungen generierte.[184]

Die Standesehre sicherte die Zugehörigkeit zu einem bestimmten Stand, daher konnte Ehrverlust auch Standesverlust bedeuten.[185] Genau hier kommt der Herold ins Spiel, denn er war dafür zuständig Ehre zu beurteilen und zu registrieren, beurteilte er einen Adligen als ehrlos, da er sich nicht an den verhaltensleitenden Code der standesspezifischen Ehre gehalten hatte, so konnte das für den Betroffenen schwerwiegende soziale Folgen haben, es konnte ihn im schlimmsten Fall seinen Adelsrang kosten. Hier sehen wir, dass Ehre eben nicht nur ein moralisches Normensystem war, sondern auch ein komplexes kommunikatives Regelsystem.[186] Das wiederum bedeutete, dass auch Reichtum vor Standesherabsetzungen nicht schützte, denn wer schandbare Taten beging, wie Diebstahl und Veruntreuung, wurde aus der Gesellschaft ausgeschlossen, ganz gleich welchen Besitz er vorzuweisen hatte. Durch Tätigkeit, Fleiß, Geschicklichkeit und Einhaltung der Tugenden wurde man ein respektiertes Mitglied eines Gesellschaftskreises und nur durch die Veröffentlichung und Repräsentation dieser Taten und damit

---

[183] K. SCHREINER/G. SCHWERHOFF, Verletzte Ehre. Ehrkonflikte in Gesellschaften des Mittelalters und der Frühen Neuzeit, Köln, 1995, S. 5.
[184] Ebd., S. 7.
[185] Ebd.
[186] Ebd., S. 9.

durch den Beweis, tatsächlich so gehandelt zu haben, konnte man seine Ehre, Stellung und Anerkennung in diesem Kreise behaupten.[187]

Es reichte also nicht, einfach „nur" ehrenvoll zu sein, sondern man brauchte den Herold, um dies auch bekannt zu machen, zu registrieren und damit auch zu beweisen! Der Herold sicherte den persönlichen Status in einem bestimmten Gesellschaftskreis, in unserem Falle im Kreis des Adels. So war er in spätmittelalterlichen Turnieren ein ubiquitäres Medium, welches für die Kommunikation adligen Standesbewusstseins und die Beurteilung adliger Lebensweise fungierte. Von seinem Urteil hing ab, wer zum Kreis des Adels gezählt werden durfte und wer nicht und er entschied und legte fest, wie man sich „adlig" zu verhalten habe und was überhaupt zur adligen Lebensweise gehörte. Die daraus resultierende, enorme Bedeutung von Herolden für die Fürsten wird in der Auftragsschrift *Theuerdank* von Kaiser Maximilian I. deutlich. Nahezu auf jeder Illustration in diesem über 500 Seiten zählenden Werk ist neben dem Helden Theuerdank stets sein Herold abgebildet. Er trägt seine typischen Amtsinsignien: Tappert und Stab. Zu Beginn des Werkes gibt es ein Gespräch zwischen Theuerdank und seinem Herold, wo in knapper Form alles darüber gesagt wird, welche Rolle der Herold für den Adel spielte, denn dort heißt es:

*Tewrdanck sprach **lieber Ernhold mein***
Guetter vnnd hochuertrawter knecht
Vernym diese meine wort recht
Ein edle künigin hat gesanndt
Iren potten her in mein lanndt
Unnd mich gar ser lassen bitten
Das Ich wol khomen geritten
Zu Ir in Ir lanndt an all rast
Dann sy von herzen beger vast
Mein zu der Ee dem Sacrament

Darumb so rüst dich zu behendt
Wann du auf solher reys allein
Mein getrewer gefert must sein
Damit du khünfftig mügst daruon
Ein warhafftige khundtschafft thon[188]

Theuerdank spricht seinen Herold mit *guetter vnnd hochuertrawter knecht* an!

Diese Stelle verdeutlicht das enge Vertrauensverhältnis, das zwischen Kaiser und Wappenkönig bestanden haben muss, denn nur jemand, der sich durch langjährige Verdienste beim Kaiser einen Namen gemacht hatte, konnte Wappenkönig werden, das hieß, dass die Einstellung als Herold verdientes Vertrauen voraussetzte. Dies bezeugt eindeutig, welche verantwortungsvollen Aufgaben dem Amt des Herolds zufielen.

Theuerdank bittet nun seinen Herold ihn auf seiner Reise ins Land der Königin zu begleiten, um sich dort mit ihr vermählen zu können und am Ende dieses Absatzes erklärt der Protagonist die Aufgabe seines Begleiters: *Damit du khünfftig mügst daruon / Ein warhafftige khundtschafft thon*. Hier wird die Zeugenrolle des Herolds in den Vordergrund gestellt, denn der Herold soll Theuerdank auf seiner Reise begleiten, um all die Schwierigkeiten, Gefahren und Abenteuer zu bezeugen, die der Held durchgestanden und bewältigt hatte, des Weiteren soll er beweisen, wie ehrenhaft sich Theuerdank dabei verhalten hat. Der Held spricht aber auch eindeutig von *warhafftig*, also trotz des Umstandes, dass Theuerdank sein Herr ist, soll der Herold nicht für ihn lügen, sondern alles der Wahrheit gemäß berichten.

Der Amtsschwur, den jeder Herold leisten musste, verpflichtete ihn nämlich stets die Wahrheit zu sagen und dem ganzen Adel zu dienen und nicht „nur" seinem Herrn. Andernfalls würde der Herold seine Glaubwürdigkeit verlieren und keiner würde seinem

---

[188] MAXIMILIAN (Römisch Deutsches Reich, Kaiser, I.), Tewrdannckh, Nürnberg 1517, S. 59.

Urteil darüber, was ehrenhaft und adlig sei, mehr Glauben schenken.

Nun antwortet der Herold:

Herr darumb Ich den namen hab
Das Ich eins yeden erlich tat
Sol offenwaren frw und spat
Unnd straffen seer in allem lanndt
Laster untugend unnd die schanndt
Dann alles in der welt zergeet
Außgenommen die eer beleibt steet
[…]
Durch anngst leyd unnd gar grosse not
Nahenndt wird Eüch offt sin der todt
Euch wirdt auch gegnen gross sachen
Der Ir vast wenig werdt lachen
[…]
Ewig eer sey der tugennd lon
Unnd wird zuletzt mit reicher Cron
[…]
Das der anfanng eerlicher tat
Nicht leichlichen von henden gat[189]

Der Herold geht in seiner Antwort als Erstes auf die Etymologie des Wortes *ernhold* ein.

Ern kommt womöglich von *Ehre* und *Hold* bedeutet so viel wie *Freund* oder *Diener*, der Herold war also ein *Diener der Ehre*.[190]

Nun beschreibt der Herold noch einmal die von Theuerdank bereits angesprochenen Aufgaben, er solle nämlich von früh bis spät jede ehrliche Tat offenbaren, wobei er gleichzeitig Laster und Untugenden strafen will, wo diese auch immer geschehen mögen.

---

[189] MAXIMILIAN (Römisch Deutsches Reich, Kaiser, I.), Tewrdannckh, Nürnberg 1517, S. 60.
[190] N. BOCK, Repräsentant, 2008, S. 146.

Der Herold macht noch einmal deutlich, dass jeglicher materieller Besitz vergänglich ist und allein die Ehre Bestand hat (*Dann alles in der welt zergeet/Außgenommen die eer beleibt steet*), wer jedoch Ehre erlangen möchte, der müsse sich gegen Gefahr und Leid erfolgreich behaupten (*Durch anngst leyd unnd gar grosse not/Nahenndt wird Eüch offt sin der todt/Euch wirdt auch gegnen gross sachen/Der Ir vast wenig werdt lachen*). Durch Taten also verdient man sich Ehre und nicht durch Macht und Reichtum, doch wenn man sich erfolgreich behauptet hat, so wird man auf ewig mit Ehre belohnt werden und genau das sei das Erstrebenswerte im menschlichen Leben. Diese Ehre konnte sich der Adel am besten im Turnier verdienen, denn allein die Bereitschaft sich dem Kampfe zu stellen galt als tapfer und damit als ehrenhaft und das hieß für Jene, die bei den Turnieren unterlagen, dass sie keine Gefahr eingingen an Ehre zu verlieren. Das Turnier war also der geeignetste Ort dafür, die eigene Ehre einem großen Publikum zu beweisen. Jeder Ritter reiste mit seinem Herold an, der seinen Herrn ankündigte, den Tappert mit dem Wappen seines Fürsten trug und seine ehrenvollen Taten anpries. Nach dem Turnier war es dann Aufgabe des Herolds, die Kämpfe seines Herrn und wie er sich dabei verhalten hatte, zu publizieren, damit es auch jene erfuhren, die selbst nicht beim Turnier zugeschaut hatten, so konnte der Adel im Turnier all seine Vorstellungen von standesgemäßem Lebensstil verwirklichen. Es war eine Zeremonie die dazu diente Ehre zu erlangen und den Führungs- und Gewaltanspruch des Adelsstandes mit der Zur-Schau-Stellung exklusiver Lebensweise zu legitimieren, wobei der Herold als Garant und Zeuge hierfür fungierte. Er entschied hierbei, wer sich Ehre erwarb und wer nicht und damit auch wer zum Adel gehörte und wer nicht.

Da im Turnier alles zusammenlief, was den Adel ausmachte, hatte die zentrale Rolle des Herolds bei diesen Veranstaltungen eine enorme Bedeutung für den ganzen Adel und logischerweise auch ihren Ursprung.

Zusammenfassung und Fazit

Ziel dieser Arbeit war es, die soziokulturelle Bedeutung der Herolde für den Hochadel im deutschen Raum des Spätmittelalters zu eruieren. Diese Frage drängt sich regelrecht auf, wenn man spätmittelalterliche Quellen studiert, denn nicht nur die zahlreichen Eintragungen in der RI berichten uns etwas über die Rolle und Tätigkeit der Herolde, sondern auch schriftliche Werke und Hinterlassenschaften wie die Auftragsschrift *Theuerdank* von Kaiser Maximilian I. und viele andere Vermerke und Hinweise in schriftlichen Quellen, wie die Rechnungen in den Reichstagsakten usw. Im Theuerdank erlebt man den Herold als ständigen Wegbegleiter des Helden (also des Kaisers) und da sollte sich die historische Forschung fragen, was für eine Rolle dieser Herold in der hochadligen Welt des Spätmittelalters spielte.

Um diese Frage zu beantworten, war es notwendig, zunächst einmal zu klären, woher die Herolde überhaupt kamen.

Im Turnier des 12. Jahrhunderts waren es so genannte *Ausrufer*, die die Taten und Kämpfe eines Fürsten anpriesen und dafür von den entsprechenden Herren großzügig belohnt wurden.

Mit der Differenzierung des Wappenwesens eigneten sich diese Ausrufer schnell Kenntnisse über Wappen und die dahinterstehenden Fürsten an, sodass es im 14. Jahrhundert zu „Festanstellungen" dieser aus verfemten Berufen stammenden Leute kam.

Anhand von Rechnungsbüchern, wo Herolde in der Gruppe der fahrenden Leute aufgezählt sind, wissen wir, dass es selbst bis ins 15. Jahrhundert hinein keine wirkliche Herauslösung der Herolde aus der sozialen Gruppe der niederen Stände kam und das obwohl die Herolde mit der Zeit immer mehr Aufgaben auch außerhalb des Turniers, sei es im Krieg oder in der Diplomatie, übernahmen und so auch ihr soziales Ansehen innerhalb des hochadligen Gesellschaftskreises wuchs. Sie überbrachten Nachrichten, führten Verhandlungen in Vollmacht ihres Herrn, identifizierten Truppenteile auf Schlachtfeldern, riefen Gesetze aus usw. Des Weiteren kam ihnen eine zentrale Rolle bei höfischen Zeremonien wie Ritterweihen, Taufen, Hochzeiten, Obsequien, Triumphzügen, Begräbnissen, Einritten, Ordensfesten, Krönungen und Festmählern zu.[191] Hier schritten sie feierlich der Prozession voran und vollführten wichtige Gesten, wie das Zerbrechen des Siegels beim Tod eines Herrschers, die oft den zentralen Zweck dieser Akte vermittelten. In diesen Zeremonien repräsentierten sie ihre Fürsten sowie deren Herrschergewalt und Besitztümer. [192]

Herolde bekamen eine eigene Amtskleidung bei ihrer Ernennung: Sie trugen einen Tappert, einen ärmellosen Überwurf, auf dem das Wappen ihres Herrn angebracht war.[193]

Da jeder Adlige im Mittelalter ein Wappen trug, stand ein bestimmtes Wappen auch für einen ganz bestimmten Herren, dies war derart gestaltet, dass es stellvertretend für den Fürsten verwendet werden konnte. Das Wappen war die Person und jeder der es trug, verkörperte den Wappenträger, ob es nun der Fürst selbst war oder jemand anderes spielte dabei keine Rolle. Für den Herold hieß das, dass er durch das Tragen des Tapperts als Bevollmächtigter seines Herrn sprechen und handeln konnte, zusätzlich trug der Herold einen Stab, der ein Zeichen anordnender Gewalt war, welches ihm die nötige exekutive Gewalt verlieh. Diese Amtsinsignien und ihr Loyalitätsbekenntnis, in Form des Amtsschwures, die Entpersonalisierung und die symbolische Aufladung durch den Amtsstab, den Amtsnamen und den Wappenrock verliehen dem Herold erst die notwendige Autorität im Namen ihres Herrn sprechen zu können, sowie die nötige Neutralität, um als Medium für die Kommunikation und Zuweisung von Ehre fungieren zu können und Taten und Vorgänge zu bezeugen.[194]

Der Herold war also in allen Bereichen der adligen Lebenswelt angekommen und nahm dort verschiedene und mannigfaltige

---

[191] T. HILTMANN/ U.ISRAEL, Herolde, 2010, S. 70., H. KRUSE, Herolde, 2005, S.315, T. HILTMANN, Heroldskompendien, 2011, S. 16.
[192] Siehe Punkt 2.2
[193] G. SCHEIBELREITER, Heraldik, 2006, S. 128.
[194] Ebd., S. 148

Aufgaben wahr, obgleich alle diese Aufgaben eine gemeinsame Grundlage hatten: Registratur und Kommunikation von Lob und Tadel!

Dies kam der Zuweisung von Ehre gleich und daher ist es auch so wichtig, die Herkunft der Herolde zu beachten, die im Turnier lag und von dort aus ihren Anfang nahm und daher ist auch im Turnier die Bedeutung von Herolden für den Adel zu finden. Das Turnier war das Zentrum der Zur-Schau-Stellung adliger Kultur, denn hier verwirklichte der Adel alle seine Vorstellungen und Ideale exklusiver Lebensweise und der Erwerb von Ehre war hierbei die zentrale Motivation. Durch die technische und strategische Entwicklung im Kriegswesen konnte der Adel seinen politischen Führungsanspruch durch Ausübung von Gewalt und den ehrenvollen Mann-gegen-Mann-Kampf nicht mehr ausreichend legitimieren, daher brauchte er eine Ersatzarena und diese stellte das Turnier dar, welches auch immer höfisches Fest war, da nach den Kämpfen Festmähler und Hoftänze veranstaltet wurden, die dem Turnier einen festlichen Charakter verliehen. Durch das große Publikum, das den Turnieren beiwohnte, erfuhr eine breite Öffentlichkeit von den einzelnen Rittern und wie sie sich im Kampf schlugen. Der Herold war hier in seinem Element, denn er bezeugte ehrenvolle Taten und wies Lob und Tadel zu, welches sich am stärksten in der Helmschau verdeutlichte. Der Herold überprüfte hierbei mit Turnierrichtern und Damen den Stand und die Ehrenhaftigkeit eines jeden Turnierbewerbers. War der Herold der Meinung, dass ein Herr nicht den spezifischen Anforderungen und Regeln des gesellschaftlichen Ehrenkreises des Adels entsprach, so stieß er dessen Helm hinunter und schloss ihn durch diese symbolische Handlung von seinem Gesellschaftskreis aus. Damit entschied der Herold über die Zugehörigkeit zum höchsten und privilegiertesten Stand des Mittelalters und das, obwohl er selbst diesem nicht angehörte!

Im vorigen Punkt wurde bereits erläutert, dass die Ehre mehr wert war, als jeglicher Besitz und daher für jeden Adligen eine Existenzfrage darstellte. Genau hier liegt die soziokulturelle Bedeutung des

Herolds für den Adel begründet! Er verkörperte in seinem Amt die ganze Fülle adliger Lebenswelt, adliger Kultur und Ehre und adliger Ideale, wenn er sprach und handelte, so tat er dies nicht nur im Namen seines Herrn, sondern auch im Namen des gesamten Adels. Diese Verkörperung war nur möglich durch die Wandlung einer bestimmten Person in einen Herold. Dies wurde durch die Vergabe eines Amtsnamens vollzogen, den der neue Herold bekam, so hieß er ab sofort beispielsweise nicht mehr *Bernhard Sittich*, sondern *Romreich*. Wenn er das Tappert des Kaisers und seinen Amtsstab trug, handelte er nicht mehr als Herr Sittich, sondern als der Herold Romreich. Damit nahm er eine neutrale Position ein und nur auf dieser Grundlage konnte die Verkörperung stattfinden.

Das Gespräch zwischen dem Herold und dem Helden im Theuerdank unterstrich diesen Charakter der Inkarnation, denn wir erfahren in dieser Schrift nichts über die Persönlichkeit des Herolds, was er gerne tat, woher er kam, wer seine Eltern waren usw., er handelte die ganze Zeit über kraft seines Amtes. In dem Gespräch zu Beginn des Werkes machte er deutlich, was es hieß ein Herold zu sein: Er sollte nämlich von früh bis spät jede ehrliche Tat offenbaren und gleichzeitig Laster und Untugenden strafen, wo auch immer Diese geschehen mögen. Hier wird die neutrale Position noch einmal ganz klar hervorgehoben: Jede ehrliche Tat und jede Untugend sollte er ohne Rücksicht auf Rang und Namen der Person aufdecken.

Der Herold entschied was ehrenvoll war und was nicht und damit entschied er ebenso, wer sich zum exklusiven Gesellschaftskreis des Adels zählen durfte und wer nicht. Aus dieser Aufgabe und dieser Bedeutung heraus ergaben sich seine mannigfaltigen Aufgaben, die hier aufgeführt wurden. Das machte den Herold zu einem der wichtigsten Ämter am Hof und eine der wichtigsten Personen überhaupt. Er war das zentrale Medium des spätmittelalterlichen Adels und eine Inkarnation der gesamtheitlichen adligen Lebenskultur, Vorstellungswelt und Selbstverständnisses!

Literaturverzeichnis

G. ALTHOFF, Die Bilder der Mittelalterlichen Historiographie, in:
B. STOLLBERG-RILLINGER (Hrsg.), Die Bildlichkeit symbolischer Akte, Münster, 2010, S. 23 – 35.

G. ALTHOFF, Die Macht der Rituale. Symbolik und Herrschaft
im Mittelalter, Darmstadt, 2003.

R. BARBER/J. BARKER, Tournaments. Jousts, Chivalry and
Pageants in the Middle Ages, Woodbridge, 1989.

E. BIERENDE/S. BRETFELD/ K. OSCHEMA, Warum Riten,
Gesten, Zeremonien? Die Aktualität eines Forschungsgegenstandes, in: E. BIERENDE/S. BRETFELD/ K. OSCHEMA (Hrsg.),
Riten, Gesten, Zeremonien. Gesellschaftliche Symbolik in Mittelalter und Früher Neuzeit, Berlin, 2008, S. IX – XXXVIII.

N. BOCK, Herolde im Reich des späten Mittelalters. Forschungsstand und Perspektiven, in: Francia, 37 (2010), S. 259 – 283.

N. BOCK, Öffentlicher Repräsentant – Repräsentant der Öffentlichkeit. Das Medium Herold in der ersten Hälfte des 16. Jahrhunderts, in: Diskurs 2, (2008), S. 142-155.

K. BOSL, Europa im Mittelalter, Darmstadt, 2005.

O. BRUNNER, Land und Herrschaft. Grundlagen der territorialen
Verfassungsgeschichte Österreichs im Mittelalter, Wien, 1965.

J. BUMKE, Höfische Kultur: Literatur und Gesellschaft im hohen
Mittelalter, München, 1997.

R. BUTZ, Fürstenlob und Fürstenkritik durch die Zeitgenossen, in: O. AUGE/R.-G. WERLICH und G. ZEILINGER, Fürsten an der Zeitenwende zwischen Gruppenbild und Individualität. Formen fürstlicher Selbstdarstellung und ihre Rezeption (1450 – 1550), (Residenzforschung, 22), Ostfildern, 2009, S 55 – 76.

J. EHLERS, Die Ritter. Geschichte und Kultur, München, 2006.

L. FENSKE, Adel und Rittertum im Spiegel früher heraldischer Formen und deren Entwicklung, in: J. FLECKENSTEIN (Hrsg.), Das ritterliche Turnier im Mittelalter, Göttingen, 1985, S. 75 – 162.

J. FLECKENSTEIN, Das Turnier als höfisches Fest im hochmittelalterlichen Deutschland, in:
J. FLECKENSTEIN (Hrsg.), Das ritterliche Turnier im Mittelalter, Göttingen, 1985, S. 244-245.

J. LE GOFF, Geld im Mittelalter, Stuttgart, 2011.

T. HILTMANN, Spätmittelalterliche Heroldskompendien. Referenzen adeliger Wissenskultur in Zeiten gesellschaftlichen Wandels, München, 2011.

T. HILTMANN/ U.ISRAEL, Laissez-les aller. Die Herolde und das Ende des Gerichtskampfs in Frankreich, in Francia, 38 (2010), S.65 – 84.

M. HOLLEGGER, Maximilian I. (1459 – 1519). Herrscher und Mensch einer Zeitenwende, Stuttgart, 2005.

J. HUIZINGA, Herbst des Mittelalters. Studien über Lebens- und Geistesformen des 14. und 15. Jahrhunderts in Frankreich und in den Niederlanden, Stuttgart, 2006.

G. KORF, Inkarnat der Seele? Zehn Anmerkungen zur Materialität der Medialität in Norbert Elias´ Zivilisationstheorie, in: B. STOLLBERG-RILLINGER (Hrsg.), Die Bildlichkeit symbolischer Akte, Münster, 2010, S. 36 – 53.

H. KRUSE, Herolde, in: W. PARAVICINI (Hrsg.), Höfe und Residenzen im spätmittelalterlichen Reich. Bilder und Begriffe, Teilband 1, Begriffe, Göttingen, 2005, S. 311 – 318.

L. KURRAS, Ritter und Turniere. Ein höfisches Fest in Buchillustrationen des Mittelalters und der frühen Neuzeit, Stuttgart/Zürich, 1992.

G. MELVILLE, Der Brief des Wappenkönigs Calabre. Sieben Auskünfte über Amt, Aufgaben und Selbstverständnis spätmittelalterlicher Herolde, in: Majestas 3, (1995), S. 69 – 116.

G. MELVILLE, Der Held – in Szene gesetzt. Einige Bilder und Gedanken zu Jacques de Lalaing und seinem Pas d´armes de la Fontaine des Pleurs, in: J.-D. MÜLLER (Hrsg.), Aufführung und Schrift in Mittelalter und Früher Neuzeit, Stuttgart, Weimar, 1996, S. 253 - 286.

G. MELVILLE/M. STAUB (Hrsg.), Enzyklopädie des Mittelalters. Band II, Konstanz, 2008.

G. MELVILLE, …et en tel estat le roy Charles lui assist la couronne sur le chief. Zur Krönung des französischen Wappenkönigs im Spätmittelalter, in: M. STEINICKE und S. WEINFURTER, Investitur- und Krönungsrituale. Herrschaftseinsetzungen im kulturellen Vergleich, Köln, Weimar, Wien, 2005, S. 137 – 161.

G. MELVILLE, Geschichte im Diskurs. Zur Auseinandersetzung zwischen Herolden über die Frage: Qui est le royaume chrestien qui plus est digne d´estre approuché d´Onneur?, Sonderdruck, Bonn, 1998, S. 243 – 262.

G.MELVILLE, Un bel office, in: P. Moraw (Hrsg.), Deutscher Königshof, Hoftag und Reichstag im späteren Mittelalter, Stuttgart, 2002, S. 291 – 321.

W. MEYER, Turniergesellschaften. Bemerkungen zur sozialgeschichtlichen Bedeutung der Turniere im Spätmittelalter, in: J. FLECKENSTEIN (Hrsg.), Das ritterliche Turnier im Mittelalter, Göttingen, 1985, S. 500 – 512.

H. MITTEIS, Der Staat des hohen Mittelalters. Grundlinien einer vergleichenden Verfassungsgeschichte des Lehnszeitalters, Weimar, 1959.

J.-D. MÜLLER, Gedechtnus. Literatur und Hofgesellschaft um Maximilian I., München, 1982.

M. NEUMEYER, Vom Kriegshandwerk zum ritterlichen Turnier. Das Turnier im mittelalterlichen Frankreich, Bonn, 1998.

G. OSWALD, Lexikon der Heraldik, Regenstauf, 2006.

N. PETZI, Polit-Kommunikation am Hof Maximilians I. Der Zusammenbruch der Pentarchie in Italien im Spiegel der Diplomatie (1494 – 1500), Marburg, 2011.

W. PARAVICINI, Die ritterlich-höfische Kultur des Mittelalters, München, 2011.

M. PRIETZEL, Kriegführung im Mittelalter, Paderborn, 2006.

L. ROEMHELD, Die diplomatischen Funktionen der Herolde im späten Mittelalter, Berlin, 1964.

W. RÖSENER, Leben am Hof. Königs- und Fürstenhöfe im Mittelalter, Ostfildern, 2008.

W. RÖSENER, Ritterliche Wirtschaftsverhältnisse und Turnier im sozialen Wandel des Hochmittelalters, in: J. FLECKENSTEIN (Hrsg.), Das ritterliche Turnier im Mittelalter, Göttingen, 1985, S 296 – 338.

G. SCHEIBELREITER, Heraldik, Wien, 2006.

V. SCHMIDTCHEN, Kriegswesen im späten Mittelalter. Technik, Taktik, Theorie, Weinheim, 1990.

K. SCHREINER/G. SCHWERHOFF, Verletzte Ehre. Ehrkonflikte in Gesellschaften des Mittelalters und der Frühen Neuzeit, Köln, 1995.
M. SPÄTH, Wappen, in: W. PARAVICINI (Hrsg.), Höfe und Residenzen im spätmittelalterlichen Reich. Bilder und Begriffe, Teilband 1, Begriffe, Göttingen, 2005, S. 289 – 291.

B. STOLLBERG-RILLINGER, Die Bildlichkeit symbolischer Akte, Münster, 2010.

Quellen

Regesta Imperii

J. CHMEL, Regg. 973/RTA XVI, ältere Reihe.

http://regesten.regesta-imperii.de/, Suchbegriff: Herold, ab Regest 43.

Regest 854 (Sigmund.): RI XI n. 854.

Regest 854 (Sigmund.): RI XI n. 854.

Regest 972 (Friedrich III.): Regg.F.III. H. 4 n. 972.

Regest 973 (Friedrich III.): Chmel n. 973.

Regest 4495 (Maximilian I.): RI XIV n. 4495.

Regest 4523 (Friedrich III.): Chmel n. 4523.

Regest 5026 (Maximilian I.): RI XIV n. 5026.

Regest 5129 (Maximilian I.): RI XIV n. 5129.

Regest 5219 (Maximilian I.): RI XIV n. 5219.

Regest 6410 (Maximilian I.): RI XIV n. 6410.

Regest 6432 (Maximilian I.): RI XIV n. 6432.

Regest 6773 (Maximilian I.): RI XIV n. 6773.

Regest 8153 (Österreich, Reich und Europa): RI XIV n. 8153.

Regest 8154 (Österreich, Reich und Europa): RI XIV n. 8154.

Regest 8400 (Sigmund.): RI XI n. 8400.

Regest 8895 (Österreich, Reich und Europa): RI XIV n. 8895.

Regest 9472 (Sigmund.): RI XI n. 9472.

Regest 13427 (Österreich, Reich und Europa): RI XIV n. 13427.

Regest 18627 (Maximilian): RI XIV n. 18627.

Regest 18717 (Maximilian I.): RI XIV n. 18717.

Regest 19491 (Maximilian): RI XIV n. 19491.

Regest 20747 (Maximilian I.): RI XIV n. 20747.

Regest 21053 (Maximilian I.): RI XIV n. 21053.

Sonstige Quellen

MAXIMILIAN (Römisch Deutsches Reich, Kaiser, I.)/ M. Pfintzing/H. Schäufelein, Die geuerlichheiten vnd einsteils der geschichten des loblichen streytparen vnd hochberümbten helds und ritters herr Tewrdannckhs, Nürnberg 1517, Rar. 325a, urn:nbn:de:bvb:12-bsb00013106-2, VD16 M 1649.

Der Triumphzug Kaiser Maximilians I.:
http://www-classic.uni-graz.at/ubwww/sosa/druckschriften/triumphzug/
aufgerufen am 27.02.2012, 17:17 Uhr.

K. STEHLIN, Ein spanischer Bericht über ein Turnier in Schaffhausen im Jahr 1436, ed. A. PAZ Y MELIA (Revista de Archivs, Bibliotecas y Museos), Madrid, 1903, No. 11, S. 145 – 176.

G. RÜXNER, Von Anfang, Ursachen, Ursprung und Herkommen der Thurnier im heyligen Römischen Reich Teutscher Nation, erstmalige Veröffentlichung 1530 von H. Rodler in Simmern. Aus: http://ia600406.us.archive.org/7/items/anfangvrsprugund00ruxn /anfangvrsprugund00ruxn.pdf, 15.07.2011, 16:10 Uhr.

Die Rolle der Johanniter in der Korrespondenz von Papst Lucius III. von 1181 - 1185

Einleitung

Über die Geschichte und die Bedeutung der geistlichen Ritterorden, insbesondere der Johanniter, die der älteste Ritterorden der Welt waren[195], ist bereits viel in der Geschichtswissenschaft geforscht worden. Von der zunächst unvereinbar scheinenden Symbiose aus Rittern und Mönchen/Religiosen, über die caritative Tätigkeit, bis hin zu ihrer militärischen Rolle existieren zahlreiche Aufsätze und Monographien. Gerade was Johanniter und Templer angehen, findet sich eine breite Forschungsrezeption über deren Ordensgeschichte. Jedoch fehlt eine genauere Untersuchung über den Johanniterorden und sein Verhältnis zum Papsttum. Die Geschichte der Orden und speziell der Ritterorden ist von der Geschichte des Heiligen Stuhls, bei dem die Anerkennung der Ordensregeln und der nach ihr lebenden Gemeinschaften lag, nicht zu trennen. Dabei waren die Geschichte der Orden und der des Papsttums eng miteinander verknüpft, man denke an die Auswirkungen, die die Klosterreformbewegungen im 11./12. Jahrhundert auslösten, wo sich die Gemeinschaften an ursprüngliche Formen des monastischen Zusammenlebens rückbesannen (Konzentration auf das Gebet, die Arbeit, die Demut, die Armut, der Dienst am

---

[195] E. BRADFORD, Kreuz und Schwert. Der Johanniter/Malteser-Ritterorden, Berlin, 1972, S. 11.

Nächsten usw.)[196] und damit zum wesentlichen Teil das Reformpapsttum auslösten, welches sich auf dieser Grundlage seinerseits auf seine geistlichen Ursprungsideale zurückbesann und dadurch unter Anderem die Investitur der Bischöfe und das Primat vor allen weltlichen Fürsten beanspruchte, was zum Investiturstreit führte.

Daher ist die Erforschung des Verhältnisses zwischen Papsttum und (Johanniter-)Orden wichtig für die Erkenntnis über das Selbstverständnis der Kirche, die religiösen Vorstellungen und Ideale des Heiligen Stuhls und die gegenseitige Beeinflussung beider Institutionen.

Des Weiteren kann die Aufklärung über das Verhältnis von Papst und Johanniterorden Aufschluss darüber geben, welche Rolle die Johanniter für das christliche Abendland spielten, insbesondere mit ihrer Aufgabe als caritativer Hospitalorden, und wo möglicher Weise eventuelle Konfliktlinien zum örtlichen Episkopat und anderen, lokalen geistlichen Eliten verliefen und was das für Auswirkungen auf die Konstitution der Kirche und das Selbstverständnis des Heiligen Stuhls hatten. Dieses Verhältnis lässt sich am besten anhand von Urkunden und päpstlichen Schreiben eruieren, die ich hier unter dem Begriff „Korrespondenz" zusammengefasst habe. Urkunden sind unter Beachtung bestimmter Formen ausgefertigte und beglaubigte Dokumente über Vorgänge rechtserheblicher Natur, in denen sich das öffentlich-politische Leben niederschlägt, sie geben Auskunft über Recht, Gesetzgebung, Verwaltung, Krieg, Frieden usw., daher bilden sie gewissermaßen zu einem Teil die Funktionsmechanismen und Inhalte einer Gesellschaft ab.[197] Insofern sind Urkunden, in diesem Falle von Papst Lucius III., am geeignetsten, um die Bedeutung der Johanniter für das christliche Abendland und die Art der Beziehung zum Heiligen Stuhl, darzustellen. Aber auch Schreiben, Mitteilungen und Ermahnungen geben Auskunft über das Verhältnis zum Papst und die Rolle der Johanniter für das mittelalterliche Europa.

---

[196] G. GLEBA, Klöster und Orden im Mittelalter, Darmstadt, 2006, S. 72
[197] A. BRANDT, Werkzeug des Historikers, Stuttgart, 2007, S. 81.

Zum allgemeinen und doch umfassenden Überblick über alle Aspekte des Johanniterordens, von der Gründung im 11. Jahrhundert bis zu seinem Ende im 18. Jahrhundert, sowie religiöse, politische, wirtschaftliche und caritative Aspekte, empfiehlt sich der Band von A. WIENAND (Hrsg.): „Der Johanniterorden, der Malteserorden. Der ritterliche Orden des hl. Johannes vom Spital zu Jerusalem. Seine Geschichte, seine Aufgaben, Köln, 1988.“

Generell zur Geschichte der Ritterorden bietet Jürgen Sarnowsky mit seinem Sammelband „On the Military Orders in Medieval Europe. Structures and Perceptions“ einen guten Einblick in die verschiedenen Thematiken dieses Forschungsfeldes.

Zum Q uellenbestand und verschiedenen Papsturkunden für die Johanniter empfiehlt sich das Werk von Rudolf Hiestand: „Papsturkunden für Templer und Johanniter, Göttingen, 1984.“, in dem er sowohl viele Urkunden abdruckt, als auch einen umfangreichen Kommentierungsapparat dazu anbietet. Zur weiteren Quellenauffindung bietet sich die Regesta Imperii an, in der zahlreiche Dokumente von Papst Lucius III. aufgeführt werden.

Um die Forschungsfrage zu beantworten, werde ich zunächst einen kleinen Überblick über den Johanniterorden und seine Geschichte geben, anschließend wird das Verhältnis des Ordens zum Papst (Lucius III.) anhand der Urkunden und Schreiben analysiert werden und am Schluss werden die Ergebnisse dieser Untersuchung zusammengefasst.

Kurze, allgemeine Ordensgeschichte

Über die genaue Entstehungsgeschichte des Johanniterordens herrscht in der aktuellen Forschung noch Unklarheit, insbesondere was die Geschichte des später von den Johannitern geführten Hospitals betrifft, man vermutet nämlich, dass der Ursprung des Ordens wohl in einer Hospitalgründung amalfitanischer Kaufleute aus dem Jahre 1079/80 in Jerusalem lag, welches zunächst der Unterbringung und Pflege von Pilgern dienen sollte.[198] Ende des 11. Jahrhunderts findet sich in den Quellen die Erwähnung eines Rektors, der das Hospital leitete, sein Name war *Geraldus* oder auch *Gerhard*. Dieser entschied, sich vom Mutterkloster S. Marina Latina, dem das Spital unterstellt war, zu trennen und schloss sich mit den im Haus arbeitenden Männern zu einer eigenständigen Hospitalbruderschaft zusammen.[199] Zu ihrem Namen kam die Bruderschaft durch die hauseigene Kapelle, die dem Heiligen Johannes Eleymon gewidmet wurde und fortan in den Quellen als die Gemeinschaft eben jenes Heiligen genannt wurde.[200]

Durch das Einsetzen der Kreuzzüge erweiterte sich das Aufgabenspektrum von der Pilgerbeherbergung auf die Pflege von Kranken und verletzten Kreuzfahrern, das Spital wurde immer stärker ausgebaut und die Laienbruderschaft widmete sich dann im 12. Jahrhundert vollkommen der Pflege von Armen und Kranken und wuchs in ihrer Mitgliederzahl rasant an. Damit war der Johanniterorden der erste Ritterorden, der ursprünglich als Hauptaufgabe die Krankenpflege betrieb und nicht, wie etwa die Templer, die

---

198 R. HIESTAND, Die Anfänge der Johanniter, in: J. FLECKEN-STEIN/M. HELLMANN (Hrsg.), Die geistlichen Ritterorden Europas, Sigmaringen, 1980, S. 32.
199 M-L. WINDEMUTH, Das Hospital als Träger der Armenfürsorge im Mittelalter, Stuttgart, 1995, S. 67.
200 G. LAGLEDER, Die Ordensregel der Johanniter/Malteser. Die geistlichen Grundlagen des Johanniter-/Malteserordens mit einer Edition und Übersetzung der drei ältesten Regelhandschriften, St. Ottilien, 1983, S. 31.

Kriegsführung.[201] Später wurde den Templern dann auch vorgeworfen, dass sie allzu kriegerisch seien und den Waffendienst als Kontemplation verstehen würden.[202] Im Jahre 1113 fand sich dann das erste, belegte, päpstliche Schreiben die Johanniter betreffend, in dieser Bulle bestätigte Papst Paschalis II. die schon unter Kalixt II. gewährten Privilegien: Die Selbstständigkeit der Gemeinschaft und die freie Wahl eines eigenen Vorstehers. Der Nachfolger von Gerald, Raymond du Puy (1120 – 1160) stellte die erste Ordensregel auf, die an die *regula augustini* angelehnt war und die den Schwur auf die evangelischen Räte beinhaltete.[203] Unter Raymond du Puy bildete sich der Orden nach dem Vorbild der Templer um und übernahm zu seinen caritativen nun auch militärische Aufgaben. Diese Entwicklung hing unweigerlich mit den vielen Schenkungen von Besitzungen zusammen, die von reichen Kaufleuten, Adligen und Fürsten kamen. Besaß man Land, so musste es auch gesichert werden, König Balduin III. schenkte den Johannitern sogar Land und Burgen mit dem eindeutigen Auftrag das Königreich Jerusalem zu verteidigen![204] Zunächst heuerten die Johanniter nur Söldner an, da diese Maßnahme jedoch viel Geld kostete, bildeten sich im Orden eigene *Ritterbrüder* heraus und militärische Ämter entstanden, wie das des Marschalls. Die militärischen Aktivitäten nahmen im 12. Jahrhundert derart zu, dass Papst Alexander III. sich 1178 gezwungen sah, den Orden an seine eigentliche caritative Aufgabe zu erinnern, dies fand Anerkennung in der von Roger de Molins, dem Nachfolger Raymond du Puys, aufgestellten Ordens-

---

[201] A. WIENAND, Der Johanniterorden, der Malteserorden. Der ritterliche Orden des hl. Johannes vom Spital zu Jerusalem. Seine Geschichte, seine Aufgaben, Köln, 1988, S. 28.

[202] J. FLECKENSTEIN, Die Rechtfertigung der geistlichen Ritterorden nach der Schrift `De laude novae militiae´ Bernhard von Clairveaux, in: J. FLECKENSTEIN (Hrsg.), Die geistlichen Ritterorden Europas, Sigmaringen, 1980, S. 9-22, S. 11.

[203] G. DROSSBACH, The statutes of the military orders, in: J. SARNOWSKY, On the Military Orders in Medieval Europe. Structures and Perceptions, Farnham, 2011, S. 1 – 12 (II), S. 5.

[204] J. SARNOWSKY, Die Johanniter. Ein geistlicher Ritterorden in Mittelalter und Früher Neuzeit, München, 2011, S. 20.

regel, die einen eindeutigen Schwerpunkt auf die Krankenpflege legte. Doch Fakt war auch, dass die Johanniter bereits einen wesentlichen Teil der Armee bildeten, die das Heilige Land vor den Muslimen schützen sollte, zusammen mit den Templern wurden gefangen genommene Johanniter von Saladin nach der Schlacht als gefährlichste Gegner hingerichtet.[205]

Nach dem Fall Akkons 1291 und dem Ende des Königreiches Jerusalem flohen die Johanniter aus Palästina und mussten sich ein neues Land suchen. Nachdem sie sich kurz auf Zypern aufhielten, eroberten sie mit Hilfe von Piraten und der Zustimmung von Papst Clemens V. die Insel Rhodos, wo sie ein Hospiz errichteten und 200 Jahre lang blieben.[206] Neben dem beachtlichen Ausbau des Hospitals auf Rhodos und der umfangreichen Kranken- und Pilgerpflege, nahm die militärische Bedeutung stetig zu. 1312, 1318 und 1319 wehrte der Orden starke militärische Angriffe von muslimischen Fürsten ab und schützte somit auch das Abendland, der Orden wurde zu einer Art Bollwerk Europas, weswegen er auch, gerade nach der Zerschlagung der Templer, für die Päpste und die europäischen Fürsten enorm an Bedeutung gewann.[207] Nachdem Sultan Suliman 1521 die Schlacht gegen die Johanniter um Rhodos gewann, floh der Orden von der Insel und suchte abermals nach neuem Land, 1530 gab Kaiser Karl V. dem Orden die Insel Malta mit Gozo und Comino zum Lehen. Hier baute der Orden sowohl seine militärischen Strukturen, aber in noch viel größerem Maße seine caritativen Fürsorgeeinrichtungen aus und wurde heimisch auf der Insel. 1798 musste der Großmeister Ferdinand von Hompesch die Insel an Napoleon übergeben, womit der mittelalterliche Ritterorden der Johanniter (zum Ende hatten sie sich aufgrund der geographischen Lage und als Abgrenzung zum protestantischen

---

[205] Ebd., S. 30.
[206] G. GLEBA, Klöster, 2006, S. 93.
[207] W.-D. BARZ, Der Malteserorden als Landesherr auf Rhodos und Malta im Licht seiner strafrechtlichen Quellen aus dem 14. Und 16. Jahrhundert, Berlin, 1990.

Pendant in „Malteser" umbenannt) in der bisherigen Form aufhörte zu existieren.

Der Johanniterorden und Papst Lucius III.

Historischer Kontext

Nachdem die Geschichte der Johanniter skizziert wurde und die Bedeutung und die Rolle des Ordens für das christliche Abendland angerissen wurden, soll in diesem Kapitel nun die konkrete Korrespondenz zwischen Johannitern und Papst Lucius III. untersucht werden, um die Bedeutung des Ordens für den Heiligen Stuhl und das christliche Europa am Ende des 12. Jahrhunderts zu eruieren. Diese Zeit war für den Johanniterorden sowohl eine Phase der Etablierung, als auch der Veränderung, mit dem Ordensmeister Raymond du Puy bekam der Orden seine erste Regel, die die caritative Tätigkeit des Ordens in den Vordergrund stellte und damit die Tradition der ursprünglichen Hospital-Laienbruderschaft fortsetzte, zum anderen aber die Johanniter auch für künftige militärische Einsätze öffnete.[208] Im Laufe des 12. Jahrhunderts entwickelte sich im Orden eine militärische Struktur und Hierarchie, Ämter wie der Konstabler (1126) oder der Marschall (1160) bildeten sich heraus und der Orden wurde nach den Templern die wichtigste Streitmacht des Königreiches Jerusalem. Nachdem Roger de Molins (1177 – 1187) Großmeister des Ordens wurde, bekamen die Johanniter eine überarbeitete Regel (1181/1182), die nun wieder mit aller Deutlichkeit die Caritas in den Vordergrund stellte. Damit kam er der Forderung Papst Alexanders III. aus dem Jahre 1178 nach.[209] Papst Lucius III. war der direkte Nachfolger von Alexander III. und ein äußerst aktiver Pontifex, der einen regen Schriftverkehr (insbesondere zu den Johannitern) unterhielt, welcher sich über sein gesamtes Pontifikat (1181 – 1185) erstreckte.

---

[208] J.D. BRANDES, Korsaren Christi. Johanniter&Malteser. Die Herren des Mittelmeers, Sigmaringen, 1997, S. 13.
[209] J. SARNOWSKY, Johanniter, 2011, S. 21.

Privilegien, Recht und Finanzielles

Zunächst nahm Lucius III. 1181 „[...] Meister Roger (de Molins) und die Brüder der **Johanniter** (*Rogerio magistro xenodochii sancte civitatis Ierusalem eiusque fratribus*) wie Innocenz (II.), Cölestin (II.), Lucius (II.), Eugen (III.), Anastasius (IV.), Hadrian (IV.) und Alexander (III.) in den päpstlichen Schutz, bestätigte ihren Besitz, gestattete, in entvölkerten Gebieten Siedlungen sowie Kirchen und Friedhöfe zu errichten [...] und gewährte dieses Recht auch für bebautes und unbebautes Land, das ihnen rechtmäßig übertragen wurde, nahm ihre Spendensammler in den päpstlichen Schutz, gestattete die Sepultur von Ordensmitgliedern, [...] befreite sie von der Leistung des Zehnten, setzt fest, daß kein Bischof über ihre Kirchen das Interdikt oder die Exkommunikation verhängen durfte, [...] gewährte das Aufnahmerecht auch für Konverse und verbat den Ordensaustritt, gestattete, Weihehandlungen von jedem beliebigen Bischof zu empfangen, setzte fest, daß sie Konsekrationen, Ordinationen und die Sakramente durch den Diözesanbischof oder einen Bischof ihrer Wahl empfangen durften, gewährte die Wahl des Meisters und bestätigte ihren Besitz in Asien und Europa (*in Asia ... vel Europa*).“[210] Dies ist an sich nicht weiter erstaunlich, er bestätigt damit lediglich die dem Orden schon gewährten Freiheiten, bemerkenswert dabei ist jedoch, dass die Vorgänger dem Orden bereits so viel Rechte eingestanden haben und ihn dadurch bewusst förderten, insbesondere was den Versuch angeht, die Johanniter von der bischöflichen Jurisdiktion zu lösen. Gerade mit dem Punkt der Zehntbefreiung schienen des Weiteren einige Probleme mit der bischöflichen Obrigkeit aufgekommen zu sein, denn wiederholt muss Lucius III. die örtliche Geistlichkeit anweisen, von den Johannitern entgegen der päpstlichen Anweisung nicht

---

[210] RI IV,4,4,2 n. 2327, in: Regesta Imperii Online, URI: http://www.regesta-imperii.de/id/1181-00-00_384_0_4_4_2_1161_2327 (Abgerufen am 19.07.2013).

den Zehnten zu verlangen.[211] Für die Bischöfe war die Einnahme des Zehnten eine wichtige Geldquelle, daher musste ihnen jede Gruppe, die von dieser Zahlung an die Kirchen befreit war, ein Dorn im Auge sein und daher kam es wohl häufig zu eigenmächtigen Entscheidungen die Johanniter doch zur Zehntentledigung zu bewegen, denn Papst Lucius III. teilte am 01.12.1184 den Johannitern mit, dass *litter impetratis contra privilegia dicte religionis, quod sint nullius effecassie.*[212] Kurz darauf, am 21.12.1184 befahl er den Erzbischöfen, Bischöfen, Äbten und geistlichen Prälaten, „[...] die päpstlichen Schreiben zugunsten der Johanniter (*fratres Hierosolymitani hospitalis*) gewissenhaft zu beachten und ihren Untergebenen einzuschärfen, diese beim Einsammeln von Almosen und Abgaben nicht zu behindern und in ihren Privilegien nicht durch fälschliche Auslegung der Beschlüsse des (3.) Laterankonzils zu beeinträchtigen."[213] Der Papst ging sogar noch einen Schritt weiter und befahl der Geistlichkeit die Johanniter in Schutz zu nehmen „[...] und diejenigen, die gewaltsam gegen sie vorgingen, ihren Besitz raubten, ihnen ihre testamentarisch vermachten Legate vorenthielten oder unter Missachtung ihrer apostolischen Privilegien Zehnte von ihnen forderten, öffentlich und feierlich mit der Exkommunikation zu belegen seien [...]".[214] Ebenso verbot er, dass der Orden für die Wiederherstellung von Mauern, Brücken oder für andere öffentlichen Aufgaben, Abgaben zu zahlen habe.[215] Die Johanniter sollten

---

[211] R. HIESTAND, Papsturkunden für Templer und Johanniter, Göttingen, 1984, S. 267.

[212] Ed. Reg., Inventaire de Mosque, a.1531, f. 561, Marseille, Archives departementales, Ordre de Malte 56 H 68, zitiert nach R. HIESTAND, Papsturkunden, 1984, S. 273.

[213] RI IV,4,4,2 n. 1347, in: Regesta Imperii Online, URI: http://www.regesta-imperii.de/id/1184-12-21_5_0_4_4_2_181_1347 (Abgerufen am 31.07.2013).

[214] RI IV,4,4,2 n. 1306, in: Regesta Imperii Online, URI: http://www.regesta-imperii.de/id/1184-12-06_4_0_4_4_2_140_1306 (Abgerufen am 31.07.2013).

[215] RI IV,4,4,2 n. 1328, in: Regesta Imperii Online, URI: http://www.regesta-imperii.de/id/1184-12-17_2_0_4_4_2_162_1328 (Abgerufen am 31.07.2013).

sich also ganz auf ihre eigentliche Aufgabe konzentrieren können und darin nicht gestört oder in irgendeiner Form behindert werden. Dass es zu konkreten Streitigkeiten zwischen Johannitern und örtlicher Geistlichkeit kam, belegt ein Schreiben von Papst Lucius III. aus dem Jahre 1184/85, in dem er den Bischof Johannes von Norwich beauftragt, den Streit zwischen den Johannitern und dem Diözesanbischof Walter von Lincoln, zu schlichten. Der Diözesanbischof erklärte eine Vereinbarung der Johanniter mit den örtlichen Kanonikern um den Besitz der Kirche von North Marston, die der Orden nach dem Tod des Vikars für eine jährliche Pension von den Kanonikern erhalten sollten, für nichtig, weil es seiner Meinung nach dem kanonischen Recht widerspräche.[216]

Auch die weitreichenden Befugnisse zum Almosen- und Spendensammeln dürfte bei der Geistlichkeit des Öfteren Verstimmtheit hervorgerufen haben, denn Papst Lucius III. berichtete den geistlichen Würdenträgern, von „[...] der Klage der Johanniter (fratrum Ierosolimitani hospitalis), wonach diese zur Sammlung von Spenden von einigen Priestern nicht in deren Kirchen gelassen worden seien beziehungsweise diese einen Teil der Spenden für sich gefordert hätten; der Papst befiehlt, ihre untergebenen Priester unter Androhung des Amts- und Benefizienverlusts dazu anzuhalten, die Johanniter in ihren Kirchen predigen und Spenden sammeln zu lassen.“[217] Es schien also häufig zu Behinderungen seitens der Geistlichkeit an der Ausübung der Rechte der Johanniter gekommen zu sein, der Papst ergriff hier Partei für den Hospitalorden und drohte den Bischöfen sogar mit Amtsverlust. Dies zeigt, was für eine lukrative Einnahmequelle die Sammlung von Spenden zu sein schien. Selbst in den durch ein Interdikt geschlossenen Kirchen durften die Johanniter einmal jährlich predigen, wodurch ihnen wohl ebenfalls viele Spenden zufielen. Diese Spenden- und

---

[216] RI IV,4,4,2 n. 1866, in: Regesta Imperii Online, URI:
http://www.regesta-imperii.de/id/1184-10-24_2_0_4_4_2_700_1866
(Abgerufen am 31.07.2013).
[217] RI IV,4,4,2 n. 1808, in: Regesta Imperii Online, URI:
http://www.regesta-imperii.de/id/1184-10-01_8_0_4_4_2_642_1808
(Abgerufen am 31.07.2013).

Sammelaktionen brachten dem Orden einen beträchtlichen Gewinn ein, was dazu führte, dass Gruppen und Organisationen das Gewand der Johanniter anzogen und sich als ebenjene ausgaben, um Spenden einsammeln zu können.[218] Daher befahl Papst Lucius III. 1184 den Erzbischöfen und Bischöfen: „[...]diejenigen, die den Anschein erweckten, zu den Johannitern (*fratrum hospitalis Ierosolimitani*) zu gehören, indem sie sich ein weißes Kreuz anhefteten und vorgaben, für die Armen Spenden zu sammeln, mit kirchlichen Strafen davon abzuhalten seien.“[219]

Darüber hinaus gewährte Lucius III. den Johannitern „[...]das Recht, Legate und testamentarische Hinterlassenschaften in Gegenwart von zwei oder drei Zeugen entgegenzunehmen.“[220], „[...]ihre Brüder [...] bei ihren Kirchen zu begraben und die Oblationen für diese sowie für andere, die dort bestattet werden, einzubehalten [...]“[221], und viele weitere Privilegien, die hier nicht alle aufgezählt werden können, insbesondere die Begräbnis- und Sepulturvorschriften nahmen einen beträchtlichen Teil der gewährten Privilegien ein. Die meisten der päpstlichen Schreiben betrafen Befreiungen von Zahlungen, das Recht Spenden einzusammeln, ihre Toten zu begraben, sie vor Missachtung dieser Rechte vor der Geistlichkeit in Schutz zu nehmen, die Ordensregel und den Besitz zu bestätigen und innere Angelegenheiten unabhängig zu regeln. Aus den ergangenen Verboten und Befehlen kann man auf den Zustand schlussfolgern, der vor dessen Erteilung und Erlassung zu herrschen schien, aus diesen Schreiben geht hervor, dass der Hospitalorden in der Wahrnehmung seiner vom Papst zugesprochenen

---

[218] B. WALDSTEIN-WARTENBERG, Die Vasallen Christi. Kulturgeschichte des Johanniterordens im Mittelalter, Wien, 1988, S. 194.
[219] RI IV,4,4,2 n. 1284, in: Regesta Imperii Online, URI: http://www.regesta-imperii.de/id/1184-11-29_6_0_4_4_2_118_1284 (Abgerufen am 31.07.2013).
[220] RI IV,4,4,2 n. 1289, in: Regesta Imperii Online, URI: http://www.regesta-imperii.de/id/1184-12-01_3_0_4_4_2_123_1289 (Abgerufen am 31.07.2013).
[221] RI IV,4,4,1 n. 822, in: Regesta Imperii Online, URI: http://www.regesta-imperii.de/id/1183-10-10_1_0_4_4_1_822_822 (Abgerufen am 31.07.2013).

Rechte oft von den geistlichen Eliten gehindert wurde, sodass sich Lucius III. wiederholt dazu gezwungen sah, entsprechende Befehle an seine Untergebenen zu erteilen, die Rechte der Johanniter zu wahren, gleichzeitig versicherte er dem Orden, dass nur das gelte, was der Papst ihnen auferlegte und gewährte. Dem Papst schien also viel am Schutz und der Privilegierung des Johanniterordens zu liegen, denn er ging hier das Risiko ein, einen Konflikt mit der örtlichen Geistlichkeit zu entfachen. Lucius III. schien es also wichtig, dass der Johanniterorden möglichst störungsfrei und selbstständig agieren konnte, um seine militärischen und caritativen Aufgaben vollumfänglich ausführen zu können, die letztlich auch dem Heiligen Stuhl, seinen Idealen und seinem Prestige zu Gute kamen.

Caritas, Schutz und Unterstützung

Im Gegensatz zu den Templern entstanden die Johanniter aus einer Hospitalgemeinschaft, die sich der Pflege und Versorgung von Kranken widmeten und daher standen sie nicht in der Tradition der Hospitalorden, die zumeist ursprünglich die Aufgabe hatten, Verwundete einer Schlacht in einem Feldlazarett zu versorgen.[222] Stattdessen war die Caritas im Allgemeinen die vornehmliche Aufgabe in der Anfangs- und Etablierungszeit des Ordens, denn der wichtigste Schauplatz der Nächstenliebe- und Fürsorge war im Mittelalter das Hospital.[223] Papst Gregor I. rief die Bischöfe zur Caritas und Nächstenliebe auf, das Gästerecht und die Beherbergung galten als heilige Pflicht, daher nahmen Klöster ganz selbstverständlich Arme und Bedürftige auf und pflegten sie.[224] Man solle den Kranken dienen, so wie man Christus diente, das Kranksein wurde als schicksalhafter Bestand menschlicher Existenz angesehen und daher verblieben die Kranken in den sozialen Systemen und wurden nicht ausgestoßen, die Sorge um die Kranken und Armen war eines der sieben Werke der Barmherzigkeit.[225] Man ging sogar davon aus, dass Jesus Christus in den Kranken real präsent war[226], denn im Matthäusevangelium predigte Jesus: „[...] Ich war hungrig, und ihr hab mir zu essen gegeben; ich war durstig, und ihr hab mir zu trinken gegeben; ich war ein Fremder, und ihr

---

222 B. KEDAR, A Twelfth-Century Description oft the Jerusalem Hospital, in: H. NICHOLSON (Hrsg.), The Military Orders. Volume 2. Welfare and Warfare, Hampshire, 1998, S. 3-12, S. 7.
223 T. FRANK, Die Sorge um das Seelenheil in italienischen, deutschen und französischen Hospitälern, in: G. DROSSBACH (Hrsg.), Hospitäler im Mittelalter und Früher Neuzeit. Frankreich, Deutschland und Italien. Eine vergleichende Geschichte, München, 2007, S. 215-224, S. 215.
224 K. JANKRIFT, Krankheit und Heilkunde im Mittelalter, Darmstadt, 2003, S. 21.
225 H. SCHIPPERGES, Die Kranken im Mittelalter, München, 1993, S. 34-36.
226 J. HASECKER, Die Johanniter und die Wallfahrt nach Jerusalem (1480-1522), Göttingen, 2008, S. 237)

habt mich aufgenommen; ich hatte nichts anzuziehen, und ihr habt
mir Kleidung gegeben; ich war krank, und ihr habt euch um mich
gekümmert [...]"[227]

Die Kranken- und Armenpflege waren im Mittelalter von zentraler
Bedeutung und sie wurden als eine gesamtgesellschaftliche Aufgabe betrachtet. Die Johanniter verinnerlichten diese Einstellung wie
kaum ein anderer Hospitalorden oder ein Kloster, was sich besonders deutlich in der von Roger de Molins im Jahre 1181/1182
verfassten Ordensregel ausdrückte, die genau in dem Zeitraum
entstand, der bei dieser Arbeit betrachtet wird. Danach sollten vier
„gelehrte Ärzte" die Kranken behandeln, jeder Patient sollte ein
eigenes Bett bekommen, mit eigenem Tuch, einem Pelz und Filz-
schuhen. Die Pfleger sollten den Kranken mit lauterem Herzen
dienen und ihre Bedürfnisse voll und ganz befriedigen *et quod fratres
Hospitalis noctu dieque libenter custodiant infirmos tamquam eorum domi-
nos.*[228] In der anschließenden Hausordnung stand, dass man sich
um alles kümmern sollte, was für die Kranken notwendig sei, an
drei Tagen in der Woche sollten die Kranken frisches Schweine-
oder Schaffleisch bekommen, alle ausgesetzten Kinder sollten in
das Haus aufgenommen werden, armen Ehepaaren sollte zur
Hochzeit zwei Schüsseln von zwei Brüdern gegeben werden, das
Haus sollte einen Schuster-Bruder unterhalten, der die Schuhe von
den Kranken und Armen reparieren sollte, drei Tage in der Woche
sollte man Almosen an jene geben, die um Brot und Wein baten.[229]
Diese Regel zeugte von einem umfassenden Verständnis von
Kranken- und Armenpflege, die Kranken waren mit „Unsere Herren Kranken" anzureden, womit man auf die Realpräsenz Jesu in
den Kranken Bezug nahm, die ganze Kraft des Ordens sollte sich
auf die Heilung der Kranken und die Sorge um die Armen konzentrieren. Im Laufe der Geschichte sollte diese Regel zum Vorbild

---

[227] GENFER BIBELGESELLSCHAFT, Neues Testament und Psalmen,
Schweiz, 2011, Mt 25, 35-36, S. 54-55.
[228] Zitiert nach: G. LAGLEDER, Ordensregel, 1983, S. 171-175.
[229] Ebd., S. 183-187.

für viele Spitäler und Spitalgemeinschaften werden.[230] Dies bedeutete einen enormen zeitlichen und finanziellen sowie materiellen Aufwand, den eine Bruderschaft alleine niemals hätte stemmen können, sie waren auf Hilfe von Spendern angewiesen und auf die Unterstützung des Papstes. Wie im vorigen Kapitel bereits dargelegt wurde, bemühte sich Lucius III. die Johanniter zu unterstützen, wo er konnte, gerade weil sie einen so wertvollen Beitrag zur Erfüllung der Caritas leisteten, wie dies bereits Gregor I. forderte und damit einen wichtigen Teil zu einer gesamtgesellschaftlichen Aufgabe beitrugen. Im Gegensatz forderte Lucius III. nun die Gesellschaft auf, die Johanniter bei dieser Tätigkeit zu unterstützen, so befahl er im Jahre 1182 allen kirchlichen Prälaten gegen jene vorzugehen, die die Johanniter beim Einsammeln von Almosen behinderten.[231] Zuvor (1181) hatte er dem Orden das Recht zugesprochen, in Kirchen Spenden einzusammeln.[232] Ebenso gewährte er ihnen das Recht: „[...]testamentarische oder sonstige Schenkungen in Gegenwart von zwei oder drei Zeugen entgegenzunehmen und zum Nutzen der Armen zu verwenden."[233] Des Weiteren erließ er dem Orden den siebenten Teil der auferlegten Kirchenstrafen[234]

---

[230] G. DROSSBACH, Hospitalstatuten im Spiegel von Norm und Wirklichkeit, in: G. DROSSBACH (Hrsg.), Hospitäler in Mittelalter und Früher Neuzeit. Frankreich, Deutschland und Italien. Eine vergleichende Geschichte, München, 2007, S. 41-54, S. 43.

[231] RI IV,4,4,1 n. 324, in: Regesta Imperii Online, URI: http://www.regesta-imperii.de/id/1182-09-03_1_0_4_4_1_324_324 (Abgerufen am 18.07.2013).

[232] RI IV,4,4,1 n. 35, in: Regesta Imperii Online, URI: http://www.regesta-imperii.de/id/1181-11-28_1_0_4_4_1_35_35 (Abgerufen am 18.07.2013).

[233] RI IV,4,4,2 n. 1477, in: Regesta Imperii Online, URI: http://www.regesta-imperii.de/id/1185-02-09_2_0_4_4_2_311_1477 (Abgerufen am 18.07.2013).

[234] Ed. Reg., Livro dos herdamentos de Leca mb. s. XIV f.3 n.59 Lisboa, Torre do Tombo, E.112 P.3 3.1.1.(4)., editiert von Erdmann, Papsturkunden in Portugal, p.99, zu finden in: R. HIESTAND, Papsturkunden, 1984, S. 276.

Um die Leute zu motivieren, die Johanniter zu unterstützen, gewährte Papst Lucius III. außerdem all jenen, die dem Orden Almosen gaben, Ablass von ihren Sünden und ließ sie an dessen Privilegien teilhaben.[235] Des Weiteren nahm der Papst alle Menschen, die bei den Johannitern Zuflucht genommen hatten, in den apostolischen Schutz.[236] Hier ermöglichte der Papst den Johannitern in dem Maß Unabhängigkeit, dass diejenigen, die bei ihnen Schutz gesucht hatten, erst einmal auch unter den Schutz des Papstes standen, was einen großen Vertrauensbeweis darstellte, denn der Orden kümmerte sich nicht nur, wie es üblich war, um christliche Mitmenschen, sondern auch um die so genannten „Ungläubigen", prinzipiell hatte jeder Zutritt zum Hospital der Johanniter, der Hilfe nötig hatte.[237] Dies war ein Zeugnis dafür, was für eine große Bedeutung die Armen- und Krankenfürsorge für das Papsttum und das christliche Abendland hatte. In diesem Zusammenhang befahl Lucius III. den Bischöfen auch dafür zu sorgen, dass „[...] niemand tätliche Übergriffe gegen diejenigen, die in den Häusern der Johanniter Zuflucht gesucht hatten, oder gegen ihre dort in Sicherheit gebrachte Habe, unternehme."[238]

Schon mehrfach sah sich der Papst gezwungen, die Johanniter vom Zehnten für ihren gesamten Besitz zu befreien,[239] dieser wuchs seit der Gründung des Ordens stetig an, im 13. Jahrhundert sollte der Orden bereits über 19.000 Rittergüter verfügen und 1.000 Komtu-

---

[235] Ed. Reg., Inventaire de Mosque a.1531 f.678, Marseille, Archives départementales, Ordre de Malte 56H68, editiert und zu finden in: R. HIESTAND, Papsturkunden, 1984, S. 273.
[236] Ed. Reg., Inventaire de Mosque a.1531 f.660, Marseille, Archives départementales, Ordre de Malte 56H68, editiert und zu finden in: R. HIESTAND, Papsturkunden, 1984, S. 283.
[237] K. von QUISTORP, Grundlagen und Aufgaben des Johanniterordens. Werte und Strukturen des christlichen Abendlandes, Greifswald, 1993, S. 6.
[238] Zitiert nach: R. HIESTAND, Papsturkunden, 1984, S. 264.
[239] Ed. Reg., Inventaire de Mosque a.1531 f.667, Marseille, Archives départementales, Ordre de Malte 56H68, editiert und zu finden in: R. HIESTAND, Papsturkunden, 1984, S. 270.

reien sein Eigen nennen.²⁴⁰ Da lag es auf der Hand, dass eine Zehntbefreiung für den gesamten Besitz eine enorme finanzielle Entlastung bedeutete und die lokale Geistlichkeit nicht unbedingt erfreut darüber war.

Wie umfangreich die Unterstützung der caritativen Tätigkeit des Ritterordens seitens des Papstes war, beweisen Verfügungen, die spezielle oder auch weniger gewöhnliche Fälle und Privilegien beinhalteten. So gewährte er „[...]allen Gläubigen (*fidelibus*), die einmal am Tag in den Kirchen der Johanniter (*in ecclesiis nostris*) ein Vater-unser und ein Ave-Maria für die Lebenden und die Toten beteten, jeweils 40 Tage Ablaß.“²⁴¹ Hier sprach der Papst also kein Privileg für den Orden aus, sondern für jene, die ihn aufsuchten und in den Kirchen der Johanniter beteten. Selbst in die Details der caritativen Bestimmungen des Ordens griff er ein, so bestätigte er „[...] Meister Roger (de Molins) und den Brüdern der Johanniter (*Rotgerio magistro et fratribus hospitalis Ierosolimitani*) auf deren Bitten die von Meister Raimund (du Puy) (*Raimundus magister vester*) mit Zustimmung des Kapitels gegebene und von Papst Eugen (III.) bestätigte Regel und setzt die Zahl der Ärzte auf fünf und die der Chirurgen auf drei fest(!).“²⁴² Aus dieser Urkunde wissen wir, dass auch Chirurgen bei den Johannitern schon zu der Zeit tätig waren, denn aus der Ordensregel des Roger de Molins von 1181/1182 ging lediglich hervor, dass vier „gelehrte Ärzte“ beschäftigt wurden, Lucius III. legte hier die Anzahl auf fünf fest, damit bestätigte er zunächst die Anzahl der bereits tätigen Ärzte und gab zugleich eine Obergrenze vor. Das zeigte außerdem, wie stark institutionalisiert die Hospitalität des Ordens bereits war und wie ernst die Johanniter diese Aufgabe nahmen, Kaiser Friedrich I., der sich

---

²⁴⁰ T.FRELLER, Die Johanniter-Vom Kreuzritter zum Samariter. Die Geschichte des Malteserordens, Gernsbach, 2012, S. 15.
²⁴¹ RI IV,4,4,2 n. †2325, in: Regesta Imperii Online, URI: http://www.regesta-imperii.de/id/1181-00-00_382_0_4_4_2_1159_F2325 (Abgerufen am 18.07.2013).
²⁴² RI IV,4,4,2 n. 1897, in: Regesta Imperii Online, URI: http://www.regesta-imperii.de/id/1184-11-04_3_0_4_4_2_731_1897 (Abgerufen am 19.07.2013).

selbst einmal im Hospital in Jerusalem aufhielt, sprach von „unschätzbaren Werken des Erbarmens", den die Brüder dort leisteten, Papst Alexander III. nannte sie in seiner Bulle *Quanto major* von 1160 „tapfere Streiter Christi".[243] Dabei spielte der religiöse und seelsorgerische Aspekt eine herausgehobene Rolle, ein Kranker, der in das Hospital wollte, wurde zunächst vom Pfortenbruder empfangen und zum Priester geführt, wo er die Beichte ablegte und die Kommunion empfing, dann wurde er je nach Krankheit auf Anweisung des Hospitalmeisters auf eine der elf Stationen gebracht, wo sich je zwölf Pfleger um die Kranken kümmerten.[244] Im Krankensaal stand ein Altar, auf den die Betten hin ausgerichtet waren und es wurde täglich eine Messe für die Kranken gesungen.[245] Die Brüder selbst, die die Kranken bedienten, als wären es ihre Herren, ja als dienten sie Christus selbst, erhofften sich auch zweifelsohne selbst durch diesen Dienst das Seelenheil zu erlangen, denn die Hospitalität galt im Mittelalter als die erste Regel unter den Werken der Frömmigkeit, Krankenpflege stand sogar über dem Gebet, über dem Gottesdienst und generell über aller Seelsorge.[246] Damit war, salopp formuliert, die Krankenfürsorge der „sicherste" Weg des Helfenden das eigene Seelenheil zu erreichen. Daher erstaunt es wenig, dass die Medizin lange als Teil der Theologie galt, Heilkunst sei die höchste Menschenpflicht, sie helfe noch da, wo Macht und Reichtum versagen würden, der Arzt sollte seine Hoffnungen nicht auf die Medikamente setzen, sondern auf Gott. Schon Thomas von Aquin bezeichnete den Menschen als Gemeinschaftswesen, ohne Gemeinschaft könne der Mensch nicht überleben, dieses Prinzip zeige sich besonders in der Hospitalität, daher sei private Krankenpflege nicht von einem öffentlichen „Gesundheitswesen" zu trennen, es sei eine gesamtgesellschaftliche Aufgabe und jeder der sich daran beteilige, handle im Namen der

---

[243] G. LAGLEDER, Ordensregel, 1983, S. 69.
[244] M-L. WINDEMUTH, Hospital, 1995, S. 69.
[245] A. WIENAND, Johanniterorden, 1988, S. 266.
[246] H. SCHIPPERGES, Kranken, 1993, S. 177.

Gemeinschaft und tue einen Dienst an Christus.[247] Die Johanniter setzten einen Großteil ihrer Kraft für diese wichtigste, vornehmste, heiligste und erste aller Gesellschaftspflichten ein, welches sich ideologisch in ihrer von Roger de Molins verfassten Ordensregel widerspiegelte und praktisch in ihren Hospitälern umgesetzt wurde. In der Analyse der Korrespondenz von Papst Lucius III. wurde deutlich, wie hoch auch der Heilige Stuhl diese Aufgabe einstufte und entsprechend den Orden unterstützte, wo er konnte, angefangen von der Befreiung des Zehnten über das Recht Spenden einzusammeln (selbst in den mit Interdikt belegten Kirchen), Almosen und Schenkungen für die Armen zu verwenden bis hin zum Schutz der Menschen, die bei den Johannitern um Hilfe ersucht hatten und den Ablass für diejenigen, die in den Kirchen des Ordens beteten. Der Papst wollte, ganz im Sinne von Thomas von Aquin, die Gesellschaft dazu aufrufen, die Johanniter zu unterstützen, da sie sich eine der vornehmsten gesellschaftlichen Aufgaben widmeten.

---

[247] Ebd., S. 134-136.

Fazit

In dieser Arbeit wurde die Rolle der Johanniter in der Korrespondenz von Papst Lucius III. untersucht. Dabei zeigt allein die Quantität (über 185 Schreiben innerhalb von vier Jahren die Johanniter betreffend!) mit der der Pontifex Belange bezüglich des Ordens regelte, was dem Heiligen Stuhl dieser Hospitalorden bedeutete, denn als Papst hatte man sich auch noch um viele andere Dinge zu kümmern. Zwar sind unter den zahlreichen Schreiben auch häufig Wiederholungen von vorangegangenen Schriftstücken zu finden (insbesondere die mehrfach wiederholte Bulle *Quam amabilis deo*), jedoch änderte dies nichts an der außergewöhnlichen Fülle von Urkunden, Briefen, Ermahnungen usw. Zudem könnte man die Wiederholungen in der Weise interpretieren, dass sie die Gültigkeit der Erlasse unterstreichen und die Empfänger nachdrücklich zu deren Einhaltung motivieren sollten, denn häufig kam es zu erheblichen Streit zwischen den Johannitern und der örtlichen Geistlichkeit, die sich aufgrund der Vielzahl von finanziellen und rechtlichen Freiheiten des Ordens stark in ihrer Wirkmächtigkeit und in ihren existenziellen Grundlagen eingeschränkt und bedroht sah. Insbesondere das Almosen- und Spendensammeln seitens der Johanniter, selbst in den mit Interdikt belegten Kirchen, musste den Prälaten vor Ort ein Dorn im Auge sein und es ist davon auszugehen, dass sie versucht haben, den Orden daran zu hindern, die Erlasse des Papstes zu umgehen oder anderweitig dieses Recht für sich einzubehalten. Dies kann man anhand der vielen Schreiben seitens Lucius III. erkennen, in denen er der Geistlichkeit mit aller Schärfe zu verstehen gibt, dass sie die Johanniter in ihren Rechten nicht behindern dürfen und mit Amts- und Benefizienverlust droht. Diese Rechte und Privilegien waren zahlreich, von der Zehntbefreiung ihres gesamten Besitzes, über den päpstlichen Schutz für die Spendensammler, dem Aufnahmerecht von Konversen, dem Verbot, dass der Orden für die Wiederherstellung von Mauern, Brücken oder für andere öffentlichen Aufgaben, Abgaben zu zahlen habe, den Befugnissen zum Almosen- und Spendensammeln, das Recht, Legate und testamentarische Hinterlassenschaften entgegenzunehmen, Begräbnis- und Sepulturprivilegien, testamentarische oder sonstige Schenkungen in Gegenwart von zwei oder drei Zeugen entgegenzunehmen und zum Nutzen der Armen zu verwenden, einen 40tägigen Ablass für alle, die in den Kirchen der Johanniter beten, bis hin zum Erlass des siebenten Teil der Kirchenstrafen. Alle diese Privilegien zeigten, dass der Papst mit seiner ganzen Kraft den Orden unterstützen wollte, dass er finanziell unabhängig war, selbständig agieren konnte, ungehindert seine Aufgaben zu erfüllen vermochte, innere Angelegenheiten selbst regeln konnte usw. Oft riskierte der Pontifex dafür sogar einen Konflikt mit der örtlichen Geistlichkeit. Lucius III. tat dies, da die Johanniter eine der wichtigsten gesamtgesellschaftlichen Aufgaben des Mittelalters erfüllte: die Armen- und Krankenfürsorge. Sie handelten damit ganz im Sinne von Thomas von Aquin, der dieser Tätigkeit den Vorrang vor allen anderen einräumte und kamen dem Aufruf Gregor I. nach, ebenso verwirklichten sie damit den caritativen Imperativ Jesu und seiner Aussage, dass alles, was „ihr dem Geringsten unter euch getan habt, ihr mir getan habt"[248]. Deshalb rief der Papst die Gesellschaft auf, die Johanniter bei dieser Aufgabe zu unterstützen und er verurteilte all jene, die sich fälschlicherweise als Ordensmitglieder ausgaben, um Geld einzutreiben und forderte die Geistlichkeit nicht nur dazu auf, die Johanniter uneingeschränkt handeln zu lassen, sondern sie auch vor Schaden zu schützen und zu bewahren. Nur durch diese zahlreichen Rechte konnte der Orden sich voll und ganz seiner Aufgabe widmen, die die erste Stelle unter den Werken der Frömmigkeit einnahm.

Jedoch ist auch zu beachten, dass im ausgehenden 12. Jahrhundert die Lage im Königreich Jerusalem für die europäischen Truppen immer bedrohlicher wurde und die Johanniter durch die unter dem Großmeister Raymund du Puy begonnene Militarisierung nun auch

---

[248] GENFER BIBELGESELLSCHAFT, Testament, 2011, Mt 25, 31-46.

ein wichtiger Faktor für die Verteidigung des Heiligen Landes geworden waren. Auch in dieser Hinsicht sind die gewährten Privilegien auf ihre Bedeutung hin zu interpretieren.

Die Untersuchungen päpstlicher Korrespondenz zwischen den Orden im Mittelalter kann also viel Aufschluss darüber geben, welche Rolle und Dimension diese Gemeinschaften für das christliche Europa besaßen, hier besteht in der historischen Forschung noch viel Nachholbedarf, sowohl für den Johanniterorden als auch für alle anderen geistlichen (Ritter)Orden.

Anhang

Literaturverzeichnis

W.-D. BARZ, Der Malteserorden als Landesherr auf Rhodos und Malta im Licht seiner strafrechtlichen Quellen aus dem 14. Und 16. Jahrhundert, Berlin, 1990.

E. BRADFORD, Kreuz und Schwert. Der Johanniter/Malteser-Ritterorden, Berlin, 1972.

J.D. BRANDES, Korsaren Christi. Johanniter&Malteser. Die Herren des Mittelmeers, Sigmaringen, 1997.

A. BRANDT, Werkzeug des Historikers, Stuttgart, 2007.

G. DROSSBACH, Hospitalstatuten im Spiegel von Norm und Wirklichkeit, in: G. DROSSBACH (Hrsg.), Hospitäler in Mittelalter und Früher Neuzeit. Frankreich, Deutschland und Italien. Eine vergleichende Geschichte, München, 2007, S. 41-54.

G. DROSSBACH, The statutes of the military orders, in: J. SARNOWSKY, On the Military Orders in Medieval Europe. Structures and Perceptions, Farnham, 2011, S. 1 – 12 (II).

J. FLECKENSTEIN, Die Rechtfertigung der geistlichen Ritterorden nach der Schrift `De laude novae militiae´ Bernhard von Clairveaux, in: J. FLECKENSTEIN (Hrsg.), Die geistlichen Ritterorden Europas, Sigmaringen, 1980, S. 9-22.

T. FRANK, Die Sorge um das Seelenheil in italienischen, deutschen und französischen Hospitälern, in: G. DROSSBACH (Hrsg.), Hospitäler im Mittelalter und Früher Neuzeit. Frankreich,

Deutschland und Italien. Eine vergleichende Geschichte, München, 2007, S. 215-224.

T.FRELLER, Die Johanniter-Vom Kreuzritter zum Samariter. Die Geschichte des Malteserordens, Gernsbach, 2012.

GENFER BIBELGESELLSCHAFT, Neues Testament und Psalmen, Schweiz, 2011.

G. GLEBA, Klöster und Orden im Mittelalter, Darmstadt, 2006.

J. HASECKER, Die Johanniter und die Wallfahrt nach Jerusalem (1480-1522), Göttingen, 2008.

R. HIESTAND, Die Anfänge der Johanniter, in: J. FLECKEN-STEIN/M. HELLMANN (Hrsg.), Die geistlichen Ritterorden Europas, Sigmaringen, 1980, S. 31-80.

K. JANKRIFT, Krankheit und Heilkunde im Mittelalter, Darmstadt, 2003.

B. KEDAR, A Twelfth-Century Description oft the Jerusalem Hospital, in: H. NICHOLSON (Hrsg.), The Military Orders. Volume 2. Welfare and Warfare, Hampshire, 1998, S. 3-12.

G. LAGLEDER, Die Ordensregel der Johanniter/Malteser. Die geistlichen Grundlagen des Johanniter-/Malteserordens mit einer Edition und Übersetzung der drei ältesten Regelhandschriften, St. Ottilien, 1983.

K. von QUISTORP, Grundlagen und Aufgaben des Johanniterordens. Werte und Strukturen des christlichen Abendlandes, Greifswald, 1993.

J. SARNOWSKY, Die Johanniter. Ein geistlicher Ritterorden in Mittelalter und Früher Neuzeit, München, 2011.

H. SCHIPPERGES, Die Kranken im Mittelalter, München, 1993.

B. WALDSTEIN-WARTENBERG, Die Vasallen Christi. Kulturgeschichte des Johanniterordens im Mittelalter, Wien, 1988.

A. WIENAND, Der Johanniterorden, der Malteserorden. Der ritterliche Orden des hl. Johannes vom Spital zu Jerusalem. Seine Geschichte, seine Aufgaben, Köln, 1988.

M-L. WINDEMUTH, Das Hospital als Träger der Armenfürsorge im Mittelalter, Stuttgart, 1995.

Quellenverzeichnis

Regesta Imperii

RI IV,4,4,1 n. 35, in: Regesta Imperii Online, URI: http://www.regesta-imperii.de/id/1181-11-28_1_0_4_4_1_35_35 (Abgerufen am 18.07.2013).

RI IV,4,4,1 n. 324, in: Regesta Imperii Online, URI: http://www.regesta-imperii.de/id/1182-09-03_1_0_4_4_1_324_324 (Abgerufen am 18.07.2013).

RI IV,4,4,1 n. 822, in: Regesta Imperii Online, URI: http://www.regesta-imperii.de/id/1183-10-10_1_0_4_4_1_822_822 (Abgerufen am 31.07.2013).

RI IV,4,4,2 n. 1284, in: Regesta Imperii Online, URI: http://www.regesta-imperii.de/id/1184-11-29_6_0_4_4_2_118_1284 (Abgerufen am 31.07.2013).

RI IV,4,4,2 n. 1289, in: Regesta Imperii Online, URI: http://www.regesta-imperii.de/id/1184-12-01_3_0_4_4_2_123_1289 (Abgerufen am 31.07.2013).

RI IV,4,4,2 n. 1306, in: Regesta Imperii Online, URI: http://www.regesta-imperii.de/id/1184-12-06_4_0_4_4_2_140_1306 (Abgerufen am 31.07.2013).

RI IV,4,4,2 n. 1328, in: Regesta Imperii Online, URI: http://www.regesta-imperii.de/id/1184-12-17_2_0_4_4_2_162_1328 (Abgerufen am 31.07.2013).

RI IV,4,4,2 n. 1347, in: Regesta Imperii Online, URI: http://www.regesta-imperii.de/id/1184-12-21_5_0_4_4_2_181_1347 (Abgerufen am 31.07.2013).

RI IV,4,4,2 n. 1477, in: Regesta Imperii Online, URI: http://www.regesta-imperii.de/id/1185-02-09_2_0_4_4_2_311_1477 (Abgerufen am 18.07.2013).

RI IV,4,4,2 n. 1808, in: Regesta Imperii Online, URI: http://www.regesta-imperii.de/id/1184-10-01_8_0_4_4_2_642_1808 (Abgerufen am 31.07.2013).

RI IV,4,4,2 n. 1866, in: Regesta Imperii Online, URI: http://www.regesta-imperii.de/id/1184-10-24_2_0_4_4_2_700_1866 (Abgerufen am 31.07.2013).

RI IV,4,4,2 n. 1897, in: Regesta Imperii Online, URI: http://www.regesta-imperii.de/id/1184-11-04_3_0_4_4_2_731_1897 (Abgerufen am 19.07.2013).

RI IV,4,4,2 n. †2325, in: Regesta Imperii Online, URI: http://www.regesta-imperii.de/id/1181-00-00_382_0_4_4_2_1159_F2325 (Abgerufen am 18.07.2013).

RI IV,4,4,2 n. 2327, in: Regesta Imperii Online, URI: http://www.regesta-imperii.de/id/1181-00-00_384_0_4_4_2_1161_2327 (Abgerufen am 19.07.2013).

Sonstige Quellen

R. HIESTAND, Papsturkunden für Templer und Johanniter,
Göttingen, 1984.

Ed. Reg., Livro dos herdamentos de Leca mb. s. XIV f.3 n.59
Lisboa, Torre do Tombo, E.112 P.3 3.1.1.(4)., editiert von Erd-
mann, Papsturkunden in Portugal, p.99, zu finden in: R. HIE-
STAND, Papsturkunden, 1984, S. 276.

Ed. Reg., Inventaire de Mosque, à.1531, f. 561, Marseille, Archives
departementales, Ordre de Malte 56 H 68, zitiert nach R. HIE-
STAND, Papsturkunden, 1984, S. 273.

Ed. Reg., Inventaire de Mosque a.1531 f.660, Marseille, Archives
départementales, Ordre de Malte 56H68, editiert und zu finden in:
R. HIESTAND, Papsturkunden, 1984, S. 283.
R. HIESTAND, Papsturkunden für Templer und Johanniter,
Göttingen, 1984, S. 267.

Ed. Reg., Inventaire de Mosque a.1531 f.667, Marseille, Archives
départementales, Ordre de Malte 56H68, editiert und zu finden in:
R. HIESTAND, Papsturkunden, 1984, S. 270.

Ed. Reg., Inventaire de Mosque a.1531 f.678, Marseille, Archives
départementales, Ordre de Malte 56H68, editiert und zu finden in:
R. HIESTAND, Papsturkunden, 1984, S. 273.

9 783739 226316